THE IDEA
of THE
UNIVERSITY
大学之理念

[德] 卡尔·雅斯贝尔斯　著
Karl Jaspers

姜昊骞　译

中国出版集团有限公司
研究出版社

图书在版编目（CIP）数据

大学之理念 /（德）卡尔·雅斯贝尔斯著；姜昊骞译 . -- 北京：研究出版社，2025.4. -- ISBN 978-7-5199-1842-2

Ⅰ. G640

中国国家版本馆 CIP 数据核字第 2025MG7991 号

出　品　人：陈建军
出版统筹：丁　波
责任编辑：张　璐

大学之理念

DAXUEZHILINIAN

卡尔·雅斯贝尔斯　著　姜昊骞　译

研究出版社 出版发行

（100006　北京市东城区灯市口大街 100 号华腾商务楼）
天津鸿景印刷有限公司　新华书店经销
2025 年 6 月第 1 版　2025 年 6 月第 1 次印刷
开本：880 毫米 ×1230 毫米　1/32　印张 6.5
字数：114 千字
ISBN 978-7-5199-1842-2　定价：48.00 元
电话（010）64217619　64217652（发行部）

版权所有·侵权必究
凡购买本社图书，如有印刷质量问题，我社负责调换。

思想生活永远是在一片失败与挫伤的汪洋大海中偶然取得一些成就。它总是高于平庸水准的。当学生和老师被拴在课程表和课程大纲、考试测验和平庸的标准上面时，双方都不会快乐。既不能激发人的活力，也没有令人活跃兴奋的平常氛围可以产生出精通技术"工艺"的熟手，以及经得起检验的事实信息。

谨怀谢意与情谊
将此书献给

外科学教授

海德堡大学校长

海德堡大学重建工作的领导者

卡尔·海因里希·鲍尔

作者生平

卡尔·雅斯贝尔斯（Karl Jaspers）于 1883 年生于德国奥尔登堡（Oldenburg），在哲学、心理学、文学领域都是杰出的权威学者，作为存在主义的代表人物而闻名于世。他是德国大学史上最卓越的人物之一，自 1921 年起在海德堡大学讲授哲学，直到 1937 年被纳粹政权停职。他拒绝支持希特勒，整个纳粹掌权期间都留在德国国内，拒不同流合污。在原本都要被驱逐之时，因美国陆军介入而得救，于 1945 年重任海德堡大学校长，1946 年当选为海德堡大学荣誉资深教工（Honorary Senator）。雅斯贝尔斯自 1948 年起担任瑞士巴塞尔大学哲学教授。

雅斯贝尔斯的其他著作包括:《世界观的心理学》(*Psychologie der Weltanschauungen*,1919)、《时代的精神状况》(*Die geistige Situation der Zeit*,1931)、《生存哲学》(*Existenzphilosophie*,1938)、《德国罪感问题》(*Die Schuldfrage: ein Beitrag zur deutschen Frage*,1946)(英文译本书名为 *The Question of German Guilt*)、《论真理》(*Von der Wahrheit*,1947)、《哲学信仰》(*Der Philosophische Glaube*,1948)(英文译本书名为 *The Perennial Scope of Philosophy*)、《悲剧之不足》(*Tragedy Is Not Enough*)。

目 录

英文版编者序 / 01

英文版序言 / 07

前　言 / 001

第一部分　　　　　　　　　　　　　　　　　　　　　　005

思想生活

第一章　科学与学术的本质 /007

　　科学与学术的基本特征 /009

　　狭义与广义的科学概念 /011

　　科学的局限性 /016

　　"为功利而科学"与"为科学而科学" /017

　　科学的基本假定 /021

　　科学需要引导 /026

　　　　　科学作为真诚的前提 /030

　　　　　科学与哲学 /032

第二章　精神、人的存在、理性 /035

第三章　文　化 /041

第二部分

大学的目标　　　　　　　　　　　　　　　　　　051

第四章　研究、教育与授课 /053

　　　　　科学研究 /058

　　　　　作为思想塑造的教育 /066

　　　　　传　授 /075

第五章　交　流 /083

　　　　　辩论与讨论 /087

　　　　　"学派"的形成：一个学术合作的实例 /089

　　　　　大学：学科与世界观的交汇之地 /091

第六章　大学作为一种机构 /095

　　　　　机构在践行大学理念方面的不足 /097

　　　　　机构的必要性 /102

　　　　　个人在大学机构框架中的作用 /105

第七章　知识界 /109

知识分类 /112

学术院部 /116

大学的扩张 /121

第三部分
大学存在的必要条件 133

第八章　人的因素 /135

天资的类型 /139

天资的分布与大众的特质 /144

选拔过程 /150

第九章　国家与社会 /161

作为国中之国的大学 /163

世界变革中的大学变迁 /164

知识贵族的原则 /166

追求真理及其与政治的关系 /168

大学与民族 /173

英文版编者序

卡尔·雅斯贝尔斯的《大学之理念》写于希特勒独裁统治末期与第二次世界大战战败后的德国,德国各大学在之前经历了外在和内在的双重浩劫。从沦为瓦砾的德国城市上就能明显看到外在的毁灭。内在的摧残不那样明显,但却更加严重。这里说的摧残,指的是成千上万名学生的记忆,他们抛下康德的著作,耳中是戈培尔的广播讲话声和党卫军的皮靴踏地声;热切信奉民族主义与种族主义宣传的教授,他们把批判思想的准则丢在了脑后;还有其他一些教授,他们虽并不信服第三帝国的学说,却以假装信服为明智,他们本身没有受骗,却成了骗人者的帮凶。

在道义沦丧的处境中，有少数德国师生坚守真诚与独立思想，其中许多人为此付出了生命，或者被关进集中营，或者踏上流亡生涯。还有一些在德国生活的人享有名义上的自由，却被禁止授课，而且时时处于危险中，比如雅斯贝尔斯。这些师生面临的考验，是任何一个学术共同体所不得不面对的最严酷的考验之一，而正是在这种处境下，他们保存和挽救了德国大学的尊严。

众所周知，卡尔·雅斯贝尔斯是他们中的一员。但他的事迹不止于此。在恶梦般的纳粹帝国垮台后，他是最早号召重建德国大学——正本清源，再造学府——的人之一。他从一名哲学家的角度出发，探寻一种特殊事业组织的最深刻根源和最内里核心；在西方传统中，这种组织被称作"大学"。于是，他通过一个简短的例子展现了德国哲学传统的持久活力与宏大之处。这本小书既是写给他所处的时空，也就是1946年的残破德国，同时又是写给许多时空的深入研究。

对于美国国内关于高等教育之性质与功能的无休止争论，雅斯贝尔斯的观点亦有所贡献。我们的终极目标是，让每一个能从高等教育受益的美国人都能上大学。但在朝向这个目标推进的过程中，我们必须注意避免高等教育掺水或贬值。不仅如此，我们还必须努力固本培元；而说到何谓大学的本元，我们有理由听一听哲学家的建言。

如果我们为此去倾听雅斯贝尔斯的看法，有时或许会大吃一惊。他的一些理念可能会让我们震惊，或者在我们看来不切实际，反不如初。然而，哪怕是那些最不赞同美国大学做法的人，他们的想法或许也值得审思倾听。

雅斯贝尔斯相信，在任何一座真正的大学里，教授学业、学术研究和创新文化三者都是密不可分的；任何一者如果与其他两者分离，则长久必定衰微。因此，在雅斯贝尔斯看来，专职研究员与专职教师人数的增长预示着一所大学在智识上要走下坡路；他还坚持认为，在一所大学中，凡是不亲自参与科研活动的人都没有真正传道受业的能力。

按照雅斯贝尔斯的哲学思想，尽管他在思想上对自由之敌不让寸分，但他也主张在大学层面上开展持续的交流，打破一切政治或意识形态的藩篱。雅斯贝尔斯相信，大学必须坚守自由交流思想的传统。这不是因为他幼稚，不了解政治现实，而是因为他在极权主义保证下生活了十二年的亲身经历。他进而认为，大学共同体：

> 甚至应该接纳那些所谓"献祭了思想"（sacrificio del intelletto）的人，乃至那些若有可能排除异己便不

会宽容他人的人。大学有承受此种做法的自信。大学要的是蓬勃的生命，而不是一潭死水。大学具有交流的意志，于是甚至会寻求与那些拒绝交流的人合作。若是大学拒绝接纳一位已经证明了自己的学术成就，且按照合乎学术规范的方式工作的学者，那么哪怕此人的学术活动最终在旨趣上易于常人，也是违背了大学之理念。

他小心地对自己的观点施加了限定：

> 同样，要求一所大学中具备每一种世界观，比如哲学、历史学、社会学和政治学，那也不符合大学之理念。如果某一种看待世界的视角没有产生出第一流的学者，那么它就称不上一门科学。就个体而言，人当然喜欢与看法相同的人共处。不过，只要他认可大学之理念，而且在人员选录上有一定的发言权，那么他便会倾向将最多元的视角纳入大学。他这样做的目的，是为拓宽思想眼界的有益争论创造机会，不论有何风险——首要之目的，便是让学术成就和思想水准成为唯一的决定因素。对大学来说，接纳反对自身

目标的人不仅仅是一种宽容，更是一项要求。只要这些人愿意在大学中表达和分享自己的独特信念和权威学识，只要他们的信念还可以推动他们的研究，他们对大学就是有用之才。但是，如果他们企图让自己的信念主宰大学，如果他们在选录人员时偏袒有同样观点的人，如果他们用宗教先知式的宣传取代了思想自由，那他们便与大学中其他致力于维护大学理想的人发生了最尖锐的对立。

我们很容易找到反驳上述观点的理由。当下正值危急关头，战火已经或即将燃起，在应对眼前危险的需要面前，一切长远准则似乎都黯然失色，在如此背景之下，我们的反驳似乎有力至极。然而，随着危机接踵而来，我们的头脑中和制度里正需要更长远的眼光与更深刻的思想。

身处一个危机频发、旷日持久的世界中，我们在思考高等教育问题时依然不能仅仅着眼于当下和近期的需求，也必须要考虑长远的未来，这是来自悠久历史的经验教训。极权独裁体制未有延续三代者，但相对自由的西方大学体制至今已经延续了近九百年，其生命力与发展势头几乎称得上无与伦比。如果我们希望维持这种发展势头，那便应该问一问，大学一路走来的秘诀是什么？卡尔·雅斯贝尔斯试着给出了一个哲学角度的答案，他的答案或许与我们所有人——公民、学生、教师——在当下、在美国都要面临的一些抉择大有关联。

此译本的内容包括了德文原版除第九章末尾及第十章整体的全部内容。省略部分对应于原版的第124页至第132页，涉及德国的特殊国情与1946年战后初期的具体情形，与美国的状况没有直接关系。

本书接下来是一篇"序言"，作者是对美国状况有透彻了解的教育哲学家罗伯特·乌利希教授（Professor Robert Ulich），文中简短介绍了雅斯贝尔斯的思想路径。

另有一本短小精悍的雅斯贝尔斯文集《悲剧之不足》（*Tragedy Is Not Enough*），书中有更多对雅斯贝尔斯的注解、雅斯贝尔斯著作目录（至1952年）及一篇哈拉尔德·A. T. 赖歇教授（Professor Harald A. T. Reiche）的文章，文中讨论了雅斯贝尔斯的文风以及将其著作译成英文的难点。该书与本书同属由灯塔出版社推出的"思想种籽"丛书。

卡尔·W. 多伊奇（Karl W. Deutsch）
耶鲁大学

英文版序言

卡尔·雅斯贝尔斯与马丁·海德格尔同为德国"存在主义"的重要代表人物。雅斯贝尔斯是一个拥有无穷探究心的人，看到自己的思想和名声被贴上了一个时髦标签，他当然是不以为然的，尤其是那个标签被用来指称太多不同的哲学思想时，以至于往往起不到说明的作用，反而徒增困惑。尽管如此，他还是为自己最有名的著作选择了《存在主义哲学三讲》(*Existenzphilosophie: drei Vorlesungen*)（瓦尔特·德古意特出版社，1938）这样一个书名。

在当时，德国的学院派哲学的主要关注领域是高度技术化和细节化的"新康德主义"（neo-Kantianism），而雅斯贝尔斯关心的是一个大问题，它的范围远远超出了单纯的知识论（尽管绝非与知识论无关），那就是人，以及人与自身、人与宇宙的终极关系问题。"世上只有一种哲学，它是万古长青的，"在前面提到的演讲中他说道，"所谓的存在哲学，只是它的一种新形式。"

"'存在'一词如今具有了决定性的意义，这不仅仅是偶然。因为它突出了哲学几乎被遗忘的目的：我，作为一名思考者，以一种指向内心的方式去理解我自身的存在，从而体悟和领会实在的起源与本质。这种哲思的形式，旨在寻找一条回溯到实在的路，摆脱单纯的关于世界的知识，摆脱常规的言说方式，摆脱习俗惯例和角色扮演——摆脱一切区区的前景和表象。存在是指向实在的概念中的一个，索伦·克尔凯郭尔（Soeren Kierkegaard）赋予了它的调性；唯有彻底地做自己，方可把握实在的真相。"

雅斯贝尔斯能达到这样的哲思深度，是受了多方面的影响。由于现在的人喜欢将学者的研究工作按照院系分门别类，所以人们至今还不太了解雅斯贝尔斯从业生涯中的一个令人印象深刻的重要事实：在学习了法学和医学之后，他的从业起点是一名精神病医师。① 他撰写了精神病领域最著名的德文教科书之一 [《精神病理学通论》(*Allgemeine Psychopathologie*)]，该书出版于 1913 年，之后迅速推出了多部新版，还被翻译成了法文。这方面的训练不仅让他在《大学之理念》一书中得以精当地探讨高等教育的科学责任问题，还有一点或许更加重要，它赋予了他对于人类存在的超物理层面的深刻洞见，所以他既频繁强调经验科学的伟大，但也常讲其局限性。另一个影响来源于他与两位思想家的邂逅：丹麦神学家索伦·克尔凯郭尔与德国哲学家弗里德里希·尼采（Friedrich Nietzsche）。这两位思想家对人与自身、人与人类文明、人与人类社会、人与终极存在之间的关系发出了追问，其追问的彻底程度大概是 19 世纪的任何人都比不上的（尽管他们两人的问题视角截然相反）。

但是，为了说明雅斯贝尔斯的独到之处，或者为了说明其他任何一位富有原创性的思想家的独到之处，如果仅仅参

---

① 雅斯贝尔斯著有一篇思想自传，英文译本题为《我的哲学》(*On My Philosophy*)，收录于瓦尔特·考夫曼（Walter Kaufmann）选编并作序的《存在主义哲学：从陀思妥耶夫斯基到萨特》(*Existentialism from Dostoevsky to Sartre*)(New York: Meridian Books, 1956) 一书中。最近，雅斯贝尔斯还专门为 P. 席尔普（P. Schilpp）主编的"在世哲学家文库"(New York: Tudor, 1957) 中的《卡尔·雅斯贝尔斯的哲学》(*The Philosophy of Karl Jaspers*) 一书撰写了长篇自传。——原注

考他在自身哲学思想形成阶段所受到的影响,那肯定是片面狭隘的。因为凡是有创造力的人,他在吸收外来建议与灵感的同时都必然会加以改造,哪怕他对这些养料怀有感激之情;他还会拓展自己的探究范围,朝着自身事业和个性的固有方向迈进。雅斯贝尔斯现年 74 岁,回望人生,真可谓著作等身:(这里只涉及他的哲学著作)从宏大思想体系的心理学基础到现代认识论问题,从具体人物的个性分析(例如尼采)到对文明与人类历史整体意义的全面综合考察。

他的思想如此广阔,还有谁比他更有资格探讨高等教育的理念与理想呢?

我若是想在这篇序言里,替读者总结他即将要阅读的书,那真是荒唐可笑。我这里只做两点评论。

第一,尽管雅斯贝尔斯在《大学之理念》一书中并未直接提及存在主义哲学,但有心的读者会察觉到他对存在主义的探索。在开篇第一页,作者就申明了全书的宗旨:大学是一个可以自由探寻真理和教授真理的地方,人们可以无视一切想要限制这种自由的人。如果用雅斯贝尔斯(在上文中)给出的存在主义哲学来解释的话,大学是这样一个地方,必须允许人通过本真的(authentic)思考与生活来找寻自己,"摆脱常规的言说方式,摆脱习俗惯例和角色扮演——摆脱一切区区的前景和表象"。

第二，雅斯贝尔斯强调大学扮演着守护真理的共同体这一角色，这是承接了自康德《系科之争》(Der Streit der Fakultäten, 1798)，以及深刻影响了欧美自由主义神学的神学家施莱尔马赫(Schleiermacher)探讨大学精神的著作(《大学漫谈》，Gelegentliche Gedanken über Universitäten, 1808)以来的传统，德国大学之伟大，正在于这一传统。

尽管德国或许可以声称，在18世纪与19世纪之交，在欧洲国家中，德国是第一个认真对待斯宾诺莎(Spinoza)当年在《神学政治论》(Tractatus Theologico-Politicus, 1670)中发出的思想自由呼吁，但德国绝不是唯一一个贡献出探讨大学理想功能的伟大著作的国家。在法国，学术自由在旧制度、大革命时期和拿破仑统治时期曾经历漫长的压抑，到了19世纪中叶及之后，有两位同样受到德国思想影响的法国作家维克多·库赞(Victor Cousin)和埃内斯特·勒南(Ernest Renan)恢复了法国高等教育的荣光。大约在同一时期，英格兰的牛津大学和剑桥大学也开始从漫长的沉睡安逸中觉醒，纽曼枢机主教(Cardinal Newman)写下了他的名篇《大学之理念：定义与说明》(The Idea of a University: Defined and Illustrated, 1859)。在雅斯贝尔斯发表本书第二版之前两年

（1944年），西班牙人奥尔特加·加塞特（Ortega y Gasset）的《大学的使命》（The Mission of the University）面世。对加塞特来说，祖国不是安居之所，他只好选择将全世界作为自己生活与思想交流的场域。

但写到此处，我们不禁要产生一个悲观的反思。欧洲大学既然有如此高蹈理想的传统，面对独裁者的进攻，为什么虽然有部分教授勇敢反抗，众多欧洲国家的大学还是可耻地土崩瓦解了呢？

第一个原因，当然是极权政府为了达到消灭人类自由的目标，手段残酷，无所不用其极。大学没有枪炮和军队，而且不管手段合法与否，都可以被关闭和噤声。

第二个原因，除了少数例外，欧洲大学教授极少关心学术生活与它的社会、政治环境之间的相互关系。而且在我看来，德国学者尤其如此，不管他们在其他方面有多大的功劳。德国学者真的以为有一条悠久神圣的传统庇护着自己，永远有一个富有善意和敬意的政府为自己挡风遮雨。不仅如此，他们在社会上享有崇高的声誉，而且只要做到"功成名就"——当然，这并不容易——甚至还会获得很高的收入。于是，他们不理解自由要用警惕心和愿意牺牲的决心换来；他们将崇高地位视作理所当然，看不到或者说不愿去看学术界上方集聚的乌云。

尽管如此，只要一个理想符合人类的真实目标，那么它的真实性就并不会因为一时被软弱的人所抛弃，而有一丝一毫的减损。假如世上不存在永远无法充分实现的目标，没有它们来挑战和鞭策人类的良知，那么文明的边界就永远不会推进。尽管在国家社会主义的影响下，一些与卡尔·雅斯贝尔斯齐名的哲学家背弃了自称信奉的理想，诚为德国思想界的不幸，但雅斯贝尔斯本人挺直了身躯。甚至在生命受到威胁的时刻，他依然代表着古罗马人口中的"勇毅之士"（vir fortis et constans）。他不仅谈论真理：他生活在真理中，对于任何一个可以算得上懂得真实生活和本真生活的人，他总要求他们这么做。

雅斯贝尔斯的著作不好翻译。我们之所以要将《大学之理念》翻译成英文，不仅仅是为了给越来越多的高等教育研究专著增添一本新作，此固毋庸赘述。我们应当倾听这样一个人的声音，他经历了多年的压迫与苦难，如今得以再次表达他对于恒久的、归根结底不可能被压抑的真理价值的信念。我们应当以此为鞭策，去批判地审视我们自身的处境。

一方面，美国大学是分权体制，还有许多顶级学术机构独立于国家部门和政党，我们也许能够看到某种抗拒政府暴虐的保障。另一方面，美国高等院校依赖于私人捐助的局面也并非总是人人乐见，校长们不得不去拜访并不真心关注学术自由，有时甚至对学术自由心存疑虑的富豪。我们还记得20世纪50年代初麦卡锡参议员（Senator McCarthy）主持的听证会。为了应付公共关系方面事务和接连不断的琐事，学校的行政人员逐年增多。我们有时都对自己的能力失去了信心，觉得没有办法将高等教育所具有的那些超出纯粹功利主义以外的价值，灌输给日益庞大的学生群体，或许甚至都很难让我们的同事相信。我们在思考，大学里到底还有多少空间能留给学术创新的先决条件，也就是沉思的德性。我们可能还会痛苦地问自己——我们的高等院校如何才能在反独裁斗争的考验中屹立不倒？我们都知道，有一些大学连小国都敢不过。

有人说，我们的高等院校有许多表面上的劣势，这些劣势让学府得以接触现实世界的兴衰与尖锐——这种接触经历并不总是让人高兴——而且或许至少在一定程度上，正是我们了解"实在的起源和本质"并栖居其中的经验性手段。这种说法也是不充分的。

然而，我们之所以能存活至今，原因或许并不是我们的内在优势，而是有利的历史和政治形势。确实，过去30年里涌现出了一大批探讨人文学科的价值和文理关系的著作,我们可以将其解读为自我省察的驱策迹象,这种解读或许是正确的。谢天谢地,我们竟然有勇气去尽情嘲笑自己的弱点。

但平心而论,我国还少有能与施莱尔马赫、纽曼、奥尔特加·加塞特或雅斯贝尔斯比肩的著作。在我国的 1500 多所大学里面,其中有许多根本谈不上做出了任何学术创新方面的贡献。这是有原因的:美国发展出高于旧式学院(介于中学和真正的学术教育之间的一种机构)的高等学府只有两代人多一点的时间。我们身上还残留着旧式教育的痕迹:在学习过程中,希望指导学生的每一个步骤,规定阅读文献,通过死板的考试流程来掌控学业进展。这一切都与刚刚提到的人物所表述的高等教育理念相去甚远。

不仅如此,尽管我国有一些伟大的大学校长发表过个别深刻有力的宣言,但他们更关心的还是教育政策,而非哲学问题。另外,我们喜欢组成委员会开展工作。尽管这种工作方法或许有实践角度的好处,但最终却必然在终极问题与深刻信念上打折扣,乃至完全避而不谈。"报告"中很少会提出"存在主义"问题。

我们选择用什么术语来指代实在,这是无关紧要的。事实上,存在主义在这方面并没有垄断权。但是,只有我们勇敢地去参加这场斗争，大胆地去表达，高等教育和民主社会才会有源源不断的活水，实现内在的新生与生产力的提升。

哈佛大学

罗伯特·乌利希

前　言

　　大学是以追求真理为使命的学者与学生组成的共同体。大学是自治的团体，不论其经济来源是私人赠予、历史产权还是国家拨款；也不管其最初获得的政治许可来自教宗诏书、皇室特许状还是地方或国家法令。在每一种情况下，大学的独立存在都反映了创立者的明确愿望或长久容许。与教会类似，大学的自治权——甚至得到了国家的尊重——来源于一种具有超越国家普世性质的不朽理念：学术自由。大学要求学术自由，也被授予了学术自由。学术自由是一项特权，它包括不顾大学内外一切人意图的阻挠，坚持教授真理的义务。

　　大学是学校——不过是一种非常特殊的学校。大学不只是上课的地方；学生必须积极参与研究，并从研究经历中获得将伴随学生一生的思维训练和教育。在理想状况下，学生要独立地思考，批判地听讲，对自己负责。学生有学习的自由。

在大学中，也只有在大学中，一个时代——在国家和社会作出让步的情况下——才得以形成最清晰的自我认识。在这里，人们可以为了追求真理这唯一的目的聚集起来。人必须有某个可以无条件地追求真理，为了真理本身而追求真理的地方，这是一项人权。

但与此同时，国家和社会对大学又有一些积极的期望，因为有一些公职需要人员具备科学素养和接受过学术训练，而大学可以培养毕业生具备这些能力。通过真诚地参与研究，不论研究的主题和具体结果如何，大学毕业生都能获得思维上的训练，很少有人会否认这种训练的潜在实用性。然而，即便有人怀疑是否真的实用，人类依然具有一种不可动摇的根本意志：决心要不顾一切界限，不惜一切代价追求真理。如果没有这种决心的驱动，人就永远攀登不到他有能力达到的思想境界。因此，大学是一个有现实目标的机构，但它必须首先超越现实，之后再更加清晰、有力、沉静地返回到现实，大学是通过这样的精神来达到现实目标的。

前 言

我们很难用语言表达何谓真理，如何获得真理。在这个问题上，答案只能在大学生活本身中间接地显现，而且即便如此，我们得到的也不是最终的答案。因此，本书接下来的内容只是得出部分答案的一次暂时性尝试。

求知是人的基本意志，大学正是以法团形式实现了这一意志。大学最直接的目的，是探寻世间可知之事以及知识能带给人的影响。这种急切求知欲显现自身的形式有观察，有系统的思考，还有作为一种客观性训练方式的自我批判。甚至在我们面对一切知识的界限本身时，面对一切思想征程所固有的特殊危险与张力时，求知欲依然活跃着。

人的求知意志的本质是统一性（oneness）与整体性（wholeness）。在实践中，统一性与整体性只能在专门领域中实现，然而这些专门领域如果不再作为同一的学术体的一部分，也会丧失其生命力。各个学科的整合将不同学科汇合成一个宇宙，这个宇宙的顶点是统一的科学的愿景、神学以及哲学。诚然，这个宇宙容纳了正反两极，这两极一次又一次分裂开来，形成矛盾和互斥的对立面。但知识的统一性犹存，因为尽管学者研究的主题和问题千差万别，但他们仍然由共同的科学①视域统合为一。

因此，大学就是以探索和传播科学真理为自己的志业的人们的联合体。

因为系统的探寻可以求得真理，所以科研是大学的第一要务。因为真理的范围远比科学广阔，所以科学家必须以一个人，而不仅仅是以一名专家的身份来献身于真理。于是，大学中的求真追求要求整全的人的严肃投入。大学的第二要务是教学，因为传播真理也是必要的。

此外，理解力的先决条件是理智上的成熟，这种成熟不仅包括心智上的成熟，也包括作为整全的人的成熟。因此，教学与科研的目标必然不只是传递单纯的事实和技能，而必须以塑造整全的人为目标，以最广泛意义上的教育为目标。

勾勒大学之理念，即意味着以一种我们最多只能贴近而无法抵达的理想来指引自己的方向。我们要从三个方面展开探究。

首先，我们要考察一般思想生活的本质，大学是思想生活的一种实现形式。接下来，我们会把目光转向作为思想生活的团体实现形式的大学所固有的责任。最后，我们会考察大学的具体基础及其对大学运作的影响。

---

① 德语中的"科学"（Wissenschaft）术语同时涵盖了自然科学与人文学科。因此，本书中提到"科学"一词均包含以上两种含义。——原注

第一部分

思想生活

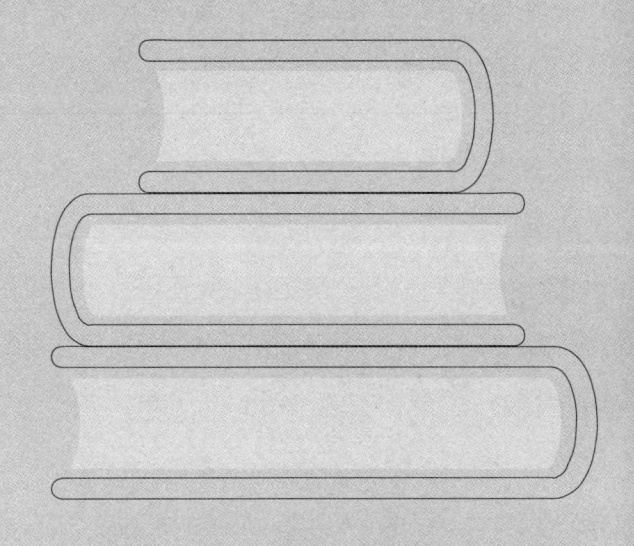

如果大学是为科学与学术服务的，如果科学和学术的意义只在于两者是广义思想生活的一部分，那么这种思想生活便是大学的血脉。

除过大学，思想生活还可以有许多种形式。在大学中，思想活动的特征是学者之间的制度化的和有序的协作。因此，为了理解大学的理念和该理念的制度化形式，我们必须对一般的思想生活，以及具体层面上的科学与学术的本质做一探讨。

第一章　科学与学术的本质

> 科学是一条道路,我走在路上,愈发意识到引导着我的求知意志的超越性。

科学与学术的基本特征

科学与学术代表着一种讲究方法的（methodical）、有理性说服力的（cogent）、**普遍有效的**（universally valid）知识，下面依次探讨科学知识的这三个特征。

第一，科学与学术不能脱离**方法意识**（a sense of method）。我研究的主题本身决定了我必须采用何种方法来取得成果。我采用的方法界定了我的研究视角和所用材料的范围。科学思维的反面是不讲方法的臆测和不加批判的盲从。哪怕盲从的对象恰好是科学探究取得的成果，不加批判的盲从也不会因此而更科学。事实上，这种知识是一种迷信的"科学崇拜"。除非我对自己接受的信念有把握，否则我就会任其鱼肉，毫无防备之力。只有当我们理解了知识是用何种方法取得的，理解了知识的视角和意义，这时，知识才具有了相对性。如果我们不对"事实"作这样的限定，那么事实就蒙上了一层虚假的绝对性。

第二，科学知识是有**理性说服力的**。能够用科学方式去理解的真理，就是只看纯粹理性证据的真理。它本身就是正确的，不需要个人额外的信仰。信念是这种知识的反面。信念的真实性取决于我从自己的生活出发，在个人层面上相信它。这就是伽利略（Galileo）为什么可以在宗教法庭面前**合理地**撤回自己的观点。（据说，他在撤回地动说后说过："但地球还是运动的。"这个故事在字面意义上是虚假的，但符合当时的情境。伽利略知道，他的撤回做法并不会改变地动说的真实性。）而在布鲁诺（Bruno）那里，他一方面愿意作出让步并撤回一切无关本质的观点，另一方面英勇地拒绝放弃最根本的哲学信念。因为哲学信念的理性说服力并非完全在于理论层面，所以布鲁诺如果放弃的话，这些信念的真实性便会被否定。因此，从本质来讲，哲学信念的真实性只能通过哲学家毫不动摇的热烈支持才能证明。

第三，科学发现具有**普遍有效性**，其理性说服力是任何人都可以去验证的。因此，科学知识传播到哪里，科学视域就会出现在哪里。共识是普遍有效性的标志。因此，只要是人们运用科学思维的地方，科学真理就会占据上风。哲学的一个显著特征就是缺少这种普遍有效性。因为如果某个哲学信念普遍有效的话，那就不需要个人认可了。反过来讲，科学知识的相对性也与其公认性相关。如果科研成果具有绝对意义上的理性说服力和普遍有效性，那么科研就不可能有进步了。

狭义与广义的科学概念

科学知识的概念虽然简单，但一直在发展变迁，也总是处于威胁之下。我们需要为之付出不懈的努力。科学不是思维的全部，否则的话，幼童的咿呀学语也算是科学了。此外，科学并不等同于符合逻辑次序地对概念进行整理，也不是对概念和现象的合理排序。只有当我们在思维整体内部划分出明确的边界，区分开科学知识与非科学知识，这时科学才真正起步。

这种狭义的科学是与知识的延伸一同兴起的。它的起点是作为探索的科学：科学研究。

科学研究具有了一种新的方法：提出假设，用实验手段确证或证伪。数据不会被理所应当地接受，而是会考察其可能的推论结果。为了实现我们对精确性不断提高的追求，我们用数学语言来表述假设，并借助更好的测量手段来完善观察结果。为了使假设与观察结果之间的一致或不一致成为有价值的判断标准,我们必须首先尽可能精确地定义何为一致,何谓不一致;也就是定义假说和观察结果本身。科学不仅破除了之前的一切普遍认知标准,更具体逐个地明确了自身的每一个假设。科学之为"客观",只在于它考察了全部的暂时假设,而且排除了一切出于特定偏见而对真理和现实状况的模糊和歪曲。科学在运用实验假设时完全承认其只是假设,是科学探究的工具,目的是检验这些假设是否具有潜在的价值。

唯有实验可以检验科学假设的真实性。任何一个假设成功或失败的原因都超出了假设的具体应用,而涉及整全的真理。在众多假设中只有少数受到青睐,其余则被抛弃,这是出于偶然吗?科学家做出选择是因为运气吗?靠近了真实情况是意料之外吗?是因为某种无法解释的直观洞察力吗?从事后来看,伟大的发现似乎都是由基本原理自然引出的。但放在当年,人们并不完全清楚这些发现的理论意义。

伽利略和拉瓦锡(Lavoisier)何以开启了延续至今的探究潮流与新的发展呢?举个例子,拉瓦锡提出的某些假设前人都曾提过,但他第一个将这些假设提升到了永恒绝对真理的地位:不能分解之物,谓之元素;物质不生亦不灭;重量是质量的可靠指标，因为一切物质都受到同一种重力的作用。天平在他之前已经有人使用了，但他第一个采用了这样的基本原则：他排除了一切例外情况，也排除了一切虽然逻辑自洽，但与天平读数给出的证据不符的说法。拉瓦锡的假设与感官证据相悖。这种明显的不一致总是引诱着人们去放弃原有假设。那么，拉瓦锡与妄加揣测的狂人有什么区别呢？他的成就是因为他的学识，抑或只是幸运的巧合呢？都不是。拉瓦锡理论成功的原因是，科学家们可以独立做实验验证，所以他们愿意承认他的假说是绝对真理。

每一个时代都有自封的"真理监护人"，他们对一切提出新假说的激进尝试都报以狂风暴雨般的抗议。这种批判全都只能取得这样的结果：每一门学问采用的假说都只具有相对的有效性，这些假说描述的不是实在本身，而只是实在的表象的特定方面。假说只有暂时的有效性。无用的纯思辨数也数不清，其中只有少数是"真知灼见"，它们往往会带来不可思议的收获。因此，凡是不能证明过去有过成果，或者未来会有成果的纯思辨，真正的学者和科学家一概不予信任。

于是，科学的特征就是：唯有在一个由已知仅具有相对有效性的假设所组成的框架之内，我们才能获得关于实在的普遍有效的且具有理性说服力的知识。

新科学的发端是对自然的**数学化**研究，其推动力量是一种革命性的观念，即科学方法的普适性。即便是古希腊科学也是以宇宙本为圆满的观念为活力之源的，而且认为自身在本质上是完全的，只有某些形式的数学和柏拉图主义思想是例外。它的普遍性基于宇宙封闭且有限的观念。而"新科学"的普遍性并不寓于某个无所不包的世界体系中，而在于愿意对万事万物展开科学探究的开放心态。诚然，古希腊科学的形式一直存留至今。它存留在普通人对现代科学的歪曲认识中。通过持续在前人发现的基础上添砖加瓦，现代科学做好了不断向无垠的"存在"深入的准备。它致力于发掘前人未曾注意到的事物，它要认识的不是宇宙，而是一种采用科学方法的宇宙观，以及科学在"无限宇宙"中的统一性。

伴随着这种新的开放探究心态，一种对于实在的丰富性，对于存在的不同层次——无生命体、生命体、灵魂、心智——之间鸿沟的新意识也产生了。人们也获得了一种对不同认知范畴的新的系统化感知。起初，"新"科学家们将实在还原为因果性、逻辑性和数量化（测量和计数）术语，从而让实在变得贫乏了。简言之，他们想要用源于物件制造过程中自己熟悉的术语，来让世界变成一个可以理解的所在。但是，认知范畴渐渐地得到了更清晰的界定，既避免了范畴混淆，又没有牺牲任何既有的范畴。到处都出现了关注点转向普遍有效，且有理性说服力的事物的现象。

在明晰自身方法与局限性的过程中，新科学必然要承认与自己不同的思维模式，因为有一类思维能够产生虽无普遍有效性和理性说服力，但对生命本身具有根本性意义的洞见。这种思维能够直达实在的核心，不是通过分析，而是通过灵感的闪现。因为科学局限于具有普遍有效性和理性说服力的知识，所以科学研究与发现也就局限于对存在的表象，而非存在本身的探究。与狭义科学相对的是广义科学。只要不造成混淆，狭义的科学就可以承认这种广义的概念与自身是互补的关系，甚至可能是自身的基础。这种由洞见火花照亮的思维不是科学的一部分，而是有其独立的根源。

广义科学包括一切通过理性和概念的途径取得的清晰认识。这种意义上的思维不是让我们认知之前不熟悉的物质，而是澄清我们的真实意指、愿望或信念。这种广义科学等同于澄明自知的领域。

接下来还有一种思维（例如思辨哲学），它的真实性需要我们投入个人的信念才能达到。

最后，思维还可以发挥密码或代号的作用，揭露实在的同时又隐藏实在。

人类精神的上述成就是辉煌而动人的，它之所以具有科学性，只是因为它的清晰性与严格性。科学有不如它的地方，它也有不如科学的地方。科学不如它，是因为它是一种创造性的、能够改变人的思维方式。它不如科学，是因为它不能产生任何具体的知识。因此，了解狭义科学的意义是至关重要的。现代人谈到科学时，头脑里想到的就是狭义科学，尽管认识上可能有含糊之处。只有狭义科学才关注具有理性说服力和普遍有效性的知识，因此不需要我个人的完全认可。此外，恰恰是科学的清晰性，才将蕴含于哲学的目标、论据和理路中独一无二而不可或缺的东西，映衬得格外鲜明。哲学唯有与科学并肩而立，且与科学有分别，并怀有超越科学以外的追求，否则便不可能有充分实现自身的可能性。

科学的局限性

狭义科学必然具有以下方面的局限性：对于事物的科学知识并非对于"存在"（Being）的知识。科学知识是具体事物的知识。它指向的是特定的对象，而非存在本身。科学所取得的知识本身，恰恰突出了科学在哲学层面对存在本身的无知。

科学知识不能提供生活的目标、价值或方向。科学固然清晰,它朝向的根源却并非关切人生整体的学问。

不仅如此,科学也无法说明它的本质意义。作为科学存在之原因的诸般动机,其本身的真实性和说服力超出了科学论证的范畴。

当人们期望从科学中获得某种科学无力提供的东西时,科学的局限性便总会让人极度失望。举例为证:一个没有信仰的人要在科学里找到信仰的替代品,以其为基础构建自己的人生;一个不满哲学的人要在科学中寻找包罗万象的普遍真理;一个精神浅薄的人沉浸于科学强加于他的无尽反思中,结果越是反思,就越意识到自己的无用。在上述每一个例子中,科学最初都是盲目崇拜的对象,最后却成了痛恨与轻视的对象。人有了这些误解,以及类似的其他误解之后,必然会感到幻灭。此处还有一个问题:科学既然有着如此刺目的局限性,它还可能有什么价值呢?

"为功利而科学"与"为科学而科学"

自培根(Bacon)和笛卡尔(Descartes)以来,人们一直努力从实用性的角度来论证科学的价值。笛卡尔认为下列几条是追求科学的关键动因：科学有助于开发省力的器械，有助于满足人类的需求，有益于改良健康状况，有益于提高政治和社群层面的效率，最后甚至还有益于创立一种"科学道德"。通过更细致的考察，我们首先会发现，一切技术的应用性都是有局限的；人类的可能性无比宏大，技术只是其中的一个领域。其次，具有根本意义的伟大发现显然并不是出于现实功利的考量。发现者丝毫不去考虑应用性的问题。这些发现源于富有探究心的头脑，我们既无法掌控，也无法预测。在大量特殊的发明中，只有当理论基础已经铺好了，才可能有成果丰硕的应用。科研精神与实用发明精神有着本质的区别。诚然，反对科学的实用性，或者反对科学服务于现实生活的权利也是荒谬的。这两者确实赋予了一些科学的分支以意义。但现实功用不可能是科学的全部或唯一意义。原因在于，对特定发明的需求不会产生科学（总体来说，取得重大发现的人并不是发明家）。只靠发明不能让科研长葆活力。

　　有些人为了反对让科学从属于技术和生活条件的改善，于是庄严宣称，科学本身就是目的。

　　科学是人原发的、根本的求知欲的表现，在这个意义上，科学本身确实是目的。这种对知识的渴求内在地先于一切实用考量。被归约为实用的知识并非知识的全部。人的根本追求不会随着任何一种历史性的教育理想而存亡兴衰。就此而论，知识的价值仅仅是从通行标准与形式的立场出发来衡量的，仅仅是因为知识能够按照公认的理想来塑造整全的人。单纯的好奇心，也就是目睹未知异域，或者透过经历过程与结果这些二手资料来了解异域的愿望，这更近乎保存了人想要了解新鲜事物的原发求知欲。但好奇心只是蜻蜓点水地触及事物，而不会去把握事物。兴致来得快，去得也快。好奇心必须首先得到改造，然后才能变成知识的要素。

这样改造过后，好奇心就不再需要任何种类的合理性依据，而相应地，我们也不再能用好奇心本身来解释好奇心了。万物之中，唯有人自居为人，原因只在于人参与到了求知的过程中。唯有人愿意面对知识带来的后果。人之所以承担这项危险，是因为不论知识会为人的个体生存带来何种后果，真理本身就是报偿。事实上，只有通过努力把握周遭的世界，理解各种层次与类型的知识，构思行动与思想的可能路径，我们才能了解自身。

人类原发的求知意志反对自鸣得意的空洞刻板学识，后者就像麻醉药，让人陷入了圆满的虚假平静状态。求知意志反对空洞的知性主义（intellectualism），反对无欲无求从而失去了求知欲望的虚无主义。求知意志反对那些从不认真反思自身，而是将知识与单纯学习事实和"结果"混为一谈的庸碌之辈。只有一件事才能让彻底投身于求知的人感到满意，那就是推进知识边界的一线希望，他要推进到再也无法推进，除非越出知识本身方止。

人们创造出"为科学而科学"这句口号是为了表达人对知识原发的、无条件的渴求。一直有人误解了这句话，以为它的意思是认可每一个事实的发现、每一次正确的方法运用、每一次对知识的延伸、每一次对科学的沉迷都具有内在价值，由此产生了混乱。主观臆断的事实发现多到不可胜数，让有的学科蔓延成了毫无内在关联的庞大集合体；扬扬自得的专家们对研究成果的广泛意义一无所知，视而不见；知识"生产线"高歌猛进，永远迷失在单纯事实正确性的无边荒原中。科学变得机械化，失去了一切内在或人文的意义，于是变得令人生疑，科学具有内在价值的主张也一同遭到质疑。

"为科学而科学"这句格言名声不佳。过分乞灵于科学招致了对科学意义的全盘否定。有人声称科学是娼妓，对任何主人都来者不拒；科学会掏空灵魂；科学是冷漠的生产线，丝毫不顾及人心；尤其是，科学在来回搬石头。

这些指责确实适用于一些堕落的伪科学，但并不适用于人原生的求知欲。如果说中世纪的人认为，知识的顶点是神之所见，如果说黑格尔曾完全严肃地将逻辑思考称作一种宗教崇拜行为，如果说就连逻辑实证主义者也承认存在不可知的事物，那么我们同样也可以在真理中体会到人的实现。如今，人们对真理本质的思考比过去任何时代都要彻底。"唯有探索真理才能赋予人生意义"（尽管我们归根结底并不确定人生的意义到底是什么，又意味着什么），"求知欲不会放过任何事物"，尤其是"生命追求以思想为立身之本"的古训仍然有力地活跃在现代人的心里。这些不能被还原到心理学和社会学的古老洞见，证明了人有着更崇高的起源。

我们必须用科学的方式来认识这些结论。现在尚有待澄清的问题是，如何用这样的方式来理解真科学的本质。

科学的基本假定

"科学不做假定"这句口号的本意是一句"战斗口号"，针对的对象是不容置疑的具体教条对学问施加的限制。这句"战斗口号"的合理性在于，它表明科学拒绝接受预定的结论，拒绝限制自身的探究范围，拒绝将任何事物视作"禁区",也拒绝绕过必然结论。

但事实上,不做假定的科学是不存在的。科学的特征是,它以一种自我批判的精神承认并澄清这些假定。严格来说,科学代表着一种处于暂定状态的思想集合体系,它有自知之明,也明白自身的有效性和一致性都来源于某些具体的假定。

于是,科学预设了逻辑规则的有效性。如果否定了矛盾律,那么求知和思维活动就失去了可能性。思维内在地承认这条规则。如果概念可以变得含混不清、模棱两可,自相矛盾不被视为反对的理由,那么言语本身就不再是有意义的交流了。任何否定某些逻辑假定的命题,至少在做出否定时必须尊重这些假定。任何不愿承认逻辑假定的人都不值一驳,用亚里士多德的话说,他已经将自己贬低为"不具有理性的植物",只能被丢在一旁。

因此,将知识绝对化是一种误解。只有尊重逻辑规则,知识才成为可能。所以,知识的对象不是存在本身,而是实在的某些方面,这些方面是按照我们自身的思维过程所施加的限制而呈现的。

此外,科学还预设了自身的可欲性(desirability)。我们不可能站在科学本身的立场上为科学辩护。科学无法向否认科学价值的人证明自身的价值。人的原生求知欲是自律的。

第一章　科学与学术的本质

我们是为了知识本身而求知，求知欲是一种激情，这种激情的自我确证是一切科学的永恒前提。

科学的另一个重要假定涉及对研究主题的选择。科学家要从无穷多的可能问题中选择一个来研究。他做出选择的动因可能是晦暗不明的本能和爱憎。无论在何种情况下，科学家选择特定研究主题的决定因素都是意志，而不是科学知识。

最后，科学预设了我们要让自己受概念——康德将其称为"概念图式"（scheme of ideas）——的指引。我们整体的周遭世界只有经过概念图式的作用，才能引导我们的心智，即便整体的周遭世界本身不能成为认知的对象，而且我们的所有概念图式都只具有辅助性和暂时性的意义。因此，概念和假设都是人为的辅助建构，它们必然要再次消失，因为它们必然是有限的，从而必然是错误的。然而，如果没有概念的引导，我们就不会有聚焦点，不会有方向，无法区分重要与不重要、根本与表面、有意义和无意义、整体和分支。概念构成了一个环境，推动着我们去追求自己的特殊旨趣，让灵光一现与意外发现成为可能，并为纯粹的偶然赋予了意义。数不尽的概念框架引导着我们，尽管每一个概念本身都是无用的，但唯有通过概念，我们才能建立起与无限之间的联系。然而，这些指导性的概念必须首先在学者自己的头脑中活跃起来，然后知识才会具有意义。

所有科学都做这种假定，此外可能还要加上具体学科的具体假定。例如，神学家相信神迹和天启。对实证科学来说，这两个主题无法探究，因此仅就科学解释而言，也就是不存在的。"因为科学否认神学性质的假定，所以它要求，也只要求信徒承认如下内容：对于一个给定的事件序列，如果我们要避免借助超自然力量的干预来解释它——从实证角度看，超自然力量的干预不是合理的起因——那么我们就必须尝试用科学方法来解释这一序列"（马克斯·韦伯）。任何信徒都可以承认这一点，同时不背弃自己的信仰。

神学有着不同的进路。神学假定了天启是存在的，借此澄清信仰的推论和后果。为了表达无法表达的东西，神学发展出了自己特殊的范畴。

世俗和神学两种解释都要用到假定上。严格来说，两者并非互斥。这两种思维形式都是先提出假定，然后看从假定出发能得到什么结论，能有多大程度的推进。只要两者认可对方，并怀着自我批判的精神铭记"可知性不过是存在内部的一种存在模式，而非存在本身"，那么两者就都是科学的。

在指出一切科学都根据必要的假定进行的同时，我们还要明确一个重点：与广泛流传的看法想法一样，我们并不需要假定世界是完全可知的,或者知识的对象是存在本身;也不需要假定知识是绝对的,也就是说,它包含或提供了非假设性的知识。只要我们去反思知识的局限性,便会马上发现,上述看法的反面显然才是正确的。

科学也并不预设某种教条的世界观(Weltanschauung)。恰恰相反,科学只有在以下情形下才会存在:要么这种世界观不具有绝对的有效性,要么它具有,但它的结果必须能通过无偏见的严格检验和考察,简言之,世界观仅仅是一个假说。

几十年来,一直有人聒噪地否认(从来没有任何一个有批判性的学者说过这句话):科学用不着假定。指出这种片面强调所蕴含的危险是有益的。人们太容易将科学的意义抽空,仅仅关注前提假设了,这样一来,假设就变成了教条。有一些人怀着良好的意图,但实操能力低下,做不出科研成果,也对有条理的研究不感兴趣,竟然排斥起他们自己根本不了解的东西。他们想要的不是科学,而是某种全然不同的事物:政治、教会、对各种非理性冲动的大肆宣传。他们不去努力,不去投入研究自己的课题,不用具体的眼光看待事物,而是任由自己沦入伪哲学的话语,空泛地大谈所谓"整体""全局"。科学的所有预设中最必要的一条就是方向感。人们常常忘记,科学是非常需要引导的。

科学需要引导

如果只靠自身,科学就会失去方向感。在一段时间里,科学或许看起来是在自发地前进,但这只是一种冲动带来的余绪,而冲动本身则有着更深刻的起因。然而,矛盾很快就会浮现出来,让整座科学大厦都面临崩塌的危险。如果失去了作为根基的信仰,科学整体来看便既不真实,也不鲜活。

我们可以换一种说法来表述。无力捍卫自身的科学需要引导。引导源于何处,又会赋予科学何种意义,这对科学的自我认知具有决定性的意义。如前所见,功利也好,"为科学而科学"也好,它们都不是科学活动的真正动力。诚然,科学以外的机关,可能会将科学用作非科学目的的手段。但这样一来,科学的完整意义仍然是被遮蔽的。反过来讲,如果科学知识成了自己的终极目标,那么科学就是无意义的。引导必然来自内部,来自一切科学的根源——不加限定的求知意志。在接受原生求知欲的引导时,我们并没有一个可以预先知晓或者指明的终极指导目标。随着我们掌握了知识,我们会被某种愈发热切的东西也就是反思理性(responsive reason)所引领。这是何以可能的呢?

原发的求知欲不只是一种因果性的兴趣,而是一种强加于我们的迫切必然性，仿佛人的自我实现的钥匙就握在知识手中。任何一项知识都满足不了我们；我们不懈不倦地前进，希望通过知识把握整个宇宙。

这种探寻尽管是由原生的求知欲所驱动，却也受到统一实在观的引导。我们之所以要了解具体信息，不是仅仅为了信息本身，而只是作为达到统一实在的唯一路径。如果没有整全的存在作为参照，科学就会失去了意义；而有了它作为参照，哪怕是最专门的科学分支也就有了意义和生命力。

实在的统一性或整全性不能在任何一个地方找到。我所能知道的，只是无限多样的事物中的某一个具体实例。于是，任何一项研究的实际方向的决定因素，都是我们一方面持续保有两种思维要素，另一方面又不断勾连两者的能力。一个要素是探知无限多样、无限繁多、永远不能为我们所知的实在的意志；另一个要素是我们对"多"中蕴含的统一性的现实体验。不过，要想取得这种统一性的体验，我们唯有直面一切人类知识都具有的局部性。

于是，在一种意义上，科学要求我们面对简单纯粹的事实。我们越来越鲜明地意识到，"事物本身就是如此"。我们开始明白事物的表象似乎要告诉我们的东西。科学驱使我们面对事物的事实表象，放下不成熟的简化认知和一厢情愿的看法。科学是祛魅的——它摧毁了我对世界的美丽与和谐所产生的狂喜，让我心中充满了对事物的嘈杂、无意义和无法解释的毁灭所产生的恐惧。

在另一种意义上，我真正体验到了自己的无知，于是愈发意识到——尽管是迂回地意识到——世界的统一性，它超越了我的整个求知历程，同时也是求知的隐秘动因。只有这种统一性才为我的求知历程赋予了意义和生命。

这种意义不再能从理性上定义了，因为它是超越知识的。既然它是不可知的，那么它就不是我们选择科学方法与目标的预设。我们只有在已经下了踏上求知历程的决心之后，才能了解知识的来源和意义。

如果我问自己，这一切知识都指向何方，我只能用隐喻来回答。仿佛是世界想要让自己被人知道；仿佛运用神赋予我们的一切官能去了解世界，仿效神的思想来再思世界是我们在此世颂扬上帝的一部分，哪怕我们永远不能把握神的思想，而只能探知它在宇宙中的映像。

引导知识的力量是理性探究的原发冲动，这种冲动既是对周遭世界的反应，又超越了世界本身，知识的意义与价值仅在于此。尽管这种引导是由哲学提供的，但我们不能指望它会在每个思想者自身之中自发成熟起来，随意生发出来。

我从上述内容可以得出一个结论：科学不是我可以安居其上的稳固基石。科学是一条道路，我走在路上，愈发意识到引导着我的求知意志的超越性。我怀着不安分的求知欲走在这条路上，而求知欲正是我在时间领域中的生命所具有的特征。

如果我们认同科学是一条道路，而非目的，那便会明白，我们对科学产生的许多失望都是由于内心指引的丧失。每当我们任由自己随波逐流，不管是出于闲得无聊的好奇心，还是仅仅因为科学让我们有事可做，我们就会发现指引已经丧失了。这些迷途的小径总是把我们带回来，让我们重新注意到内心的方向感，正是这种方向感决定了我们的学习与研究道路。当我们为了淹没前途无望的感受，而屈服于单纯的"忙碌"时，我们会感到良心不安。这种"忙碌"不能掩盖一潭死水般的无意义工作。相反，我们应该让自己去回应那些能够指引自己努力的理念。这种理念发源于超越性的整体意识，那才是我们探寻的动因。

然而，引导我们求知的整全观念并非明确无疑。没有人能够把握住它的全部，或者宣称自己把握住的东西是普遍有效的。没有人可以自称是它的唯一占有者。只有在思考中的人与繁多的知识对象之间的对话中，这种指引才会发挥作用。它是通过历史长河中一浪高过一浪，后浪不断推翻前浪的知识进步而实现的，其中难免有试错和危险。科学之所以能够提供在日常生活中朝向真理与真诚的驱动力，原因正在于此。

科学作为真诚的前提

科学揭露了那些让生活更容易忍受的幻象，我希望借此取代信仰，或者至少将信仰转化为确定的知识。科学打消了那些将我无法面对的现实隐藏起来的、半真半假的观念。它破除了不成熟的人为建构，缺乏批判思维的人用这些建构来代替孜孜不倦的研究。它让我们避免落入虚假的扬扬自得中。

科学为人类的一般境况与个人的特殊情况提供了最清晰的说明。科学为我提供了必要的条件，否则的话，我便无法回应隐含于天赋求知能力之中的挑战。践行求知是人的宏大天命。它向人发出了挑战，要人展示自己通过知识能做出怎样的成就。

科学源于真诚，又产生真诚。除非我们吸纳了科学的态度与思维模式，否则便做不到真诚。科学态度的特征是：永远要区分具有理性说服力的知识与不具有理性说服力的知识（我要知道自己知道哪些事，又不知道哪些事）。这种知识包

第一章 科学与学术的本质

括得出知识的路径，以及知识有效性的边界。科学态度的另一个特征是，愿意接受自己的言论受到的任何批评。思想者，尤其是科学家和哲学家的生活中必然会有批评。迫使思想者去反省自身看法的质疑永远不嫌多。真正的科学家甚至可以从无理批评中获益。回避批评的人本质上就不想求知。

科学求知的基础是彻底的求知意志，一旦这种意志真正存在于一个人的生命中，那么就没有任何时间与空间因素能改变这一事实。科学走进了什么人的生命中？不是那些迷失在永无止境、繁多驳杂、无关痛痒的事实中的人（他们把这些事实照单全收，从不追问其可能具有的意义）；也不是那些为了通过考试，或者掌握职业所需技能而痛苦学习的人。知识为真正的科学家而鲜活。他有超凡的耐心，在努力中燃烧着激情的火焰。科学成了他的人生准则，为整个人生赋予了活力。在当代以及任何时代，年轻人都能体验到科学的魔力，世界对他们来说就是一个挑战场。另外，我们在当代（或许比过去任何时代更甚）也能体验到科学的负担。科学既危及着缺乏自我意识的人所具有的赤子之力，又危及着生活所必需的种种幻象，也就是易卜生（Ibsen）口中的"生活谎言"（life lies）。放弃死记硬背的学习，用质疑来领悟世界是需要勇气的。那句古训如今依然成立：要敢于认识！（sapere aude！）

科学与哲学

现在，我们可以就科学与哲学的关系提出一些融贯的命题了。两者不是一回事。哲学也不只是科学中的一种门类。事实上，哲学在起源、方法和意义上都与科学有着本质区别。尽管如此，科学与哲学还是具有紧密联系的。

哲学之于科学

科学抵制着那些因为科学与哲学之间的关联而产生的混淆，以此捍卫自身。科学与那些在它看来毫无用处的思辨活动进行着斗争。简言之，科学形成了一种针对哲学的典型敌意。

然而，科学能够承认自身的局限性。它既然无法把握全部的真理，于是便任由哲学去发展自己的问题域。它既不支持，也不否认哲学发现的价值。只要哲学不对科学可以研究的问题妄下断言，科学便不会插手。为了避免哲学提出缺乏依据的命题和异想天开的证明，科学一直密切关注着哲学。科学的这种做法对科学和哲学都好。

科学一直需要哲学的指引，但并非科学本身用得上哲学，或者哲学为科学提供了适当的目标。科学与哲学恰恰在这些方面是没有关联的。相反,哲学的用处是推动真正的求知意志。此外,哲学为科学家提供了构思的灵感,还将求知的极端重要性刻进了科学家整个人的心里,从而促使其作出决断。哲学指引科学,而哲学本身却不能用科学方法来研究。所以,浸润着哲学的科学,就是具体化的哲学。随着科学越来越自觉地认识到自身活动的影响,于是科学事实上也在有意识地研究哲学了。学者和科研工作者从哲学中收获的益处并非实际利益。但是,在研究哲学的过程中,他们对自身工作的整体格局有了越来越多的认识。不仅如此,他们还获得了新的、更强大的研究动力,对科学活动的意义也有了更高层次的认知。

科学之于哲学

哲学承认自己少不了科学。真正的哲学尽管自知不同于科学,但也承认自己与科学的联系。哲学从来不会无视可知的现实事物。掌握一切真实的、具有理性说服力的知识是哲学的要求。哲学之所以要掌握这些真实的、具有理性说服力的知识,是为了变得更有自知之明。任何研究哲学的人都有义务了解科学,并从科学方法中吸取经验。

因为科学态度必定是真诚的,所以哲学成为弘扬科学、抗反科学的旗手。在哲学看来,科学思维模式的延续对人类尊严的延续是不可或缺的。哲学承认墨菲斯托(Mephisto)威胁之语是真实的:"一旦你蔑视人类最伟大的力量,理性与科学,你便会任我摆布了。"①

---

① 在本书中,我只能以断言的形式表达我的科学观。读者不妨参阅我在其他书中的相关篇章:
《哲学》(Philosophie),柏林;J. 斯普林格(J. Springer),1932年,第85页及之后(人类视野的局限性);第149页及之后(科学体系);第212页及之后(实证论与理念论);第318页及之后(哲学与科学)。
《尼采简论和尼采的哲学观》(Nietzsche: Einführung in das Verständnis seines Philosophierern),柏林,莱比锡;W. 德古意特(W. de Gruyter),1936年。见"真理"(Wahrheit)一章,第147页及之后。
《时代的精神状况》(Die Geistige Situation der Zeit),柏林,莱比锡;W. 德古意特,1931年,第118页及之后(科学)和第167页及之后(真正的求知意志)。
《笛卡尔及其哲学》(Descartes und die Philosophie),柏林,莱比锡;W. 德古意特,1937年,第32页及之后(方法),第95页及之后(现代科学意义的倒错及其影响)。
《生存哲学》(Existenzphilosophie),柏林,莱比锡;W. 德古意特,1938年[参见第一讲中的"哲学与科学"(Philosophie und Wissenschaften)小节及第二讲中的"常识"(Vernunft)小节]。——原注

第二章　精神、人的存在、理性

精神是创造性直觉的力量源泉；失去想象力的科学是不会有成果的。"人的存在"，指的是支撑人的知性存在的坚定承诺。理性摒弃随意任性的妄想，而要求运用前后一贯、彼此连通的思想来将一切孤立的事物和想法整合起来。通过精神、个人决心、反思理性，我们得以认识到生活中的成就与可能性是处于怎样的广阔背景之中。正是这种背景赋予科学以意义和活力。

在前面探究科学之意义的过程中，我们触及了一些科学以外的内容：科学的基础和目标。它们定义了科学工作的路径和方向，但本身不能用科学来证明，只能通过哲学来阐明。科学的基础和目标极其重要，无此则科学于我们便无意义。既然本书的主要关注点是，以科学探究精神为特征的大学之理念，所以这里只能提出几条看似教条的观点。

精神[①]、人的存在、反思理性共同构成了人类生活的总括环境。精神是理念的潜能与力量之源。最完整意义上的人的存在，显示了人对超越性的无条件和严肃追求。反思理性是对事物内在含义保持开放的心智。

只要我们寻求明确性的目标是圆满的洞见，那里就必然有精神的活动与运行。理念既是内在的动力，同时也表现为我们永远不能达到的目标。理念为我们提供了假想的概念，

---

① 原文为德语词Geist，包含"心智"和"精神"两方面的意思。——原注

从而将学习研究的过程整合化与条理化，尽管概念本身只是理念的近似。精神是创造性直觉的力量源泉；失去想象力的科学是不会有成果的。想象力能让我们看到什么才是本质和真实，让我们获得表层之下的内在认识，并将内在认识运用到科学研究中。

我所说的"人的存在"，指的是支撑人的思维存在的坚定承诺。如果没有它，我们的所有经验就会变成自娱自乐的思维游戏、不负责任的空想和空洞的唯美主义。无论如何尝试用语言来表述我们所做之事的意义，那都是徒劳。意义只显现在我们内心最深处的信念中。唯有自己严肃地下了决心，理念才能在生活中发挥实效。

如果说心智的机能仅仅是综观大局的话，那么存在的机能便是将我们的存在奠基于一种绝对的承诺之上，理性的机能则是不断拓宽我们的视野。理性反对孤立，追求协调。为此，理性摒弃随意任性的妄想，而要求运用前后一贯、彼此连通的思想来将一切孤立的事物和想法整合起来。理性要我们去探究源于个体经验的认知，打破一切阻碍，克服一切禁令；理性是公正无偏的，不管思考的对象是什么，都能保留其本质。

通过精神、个人决心、反思理性，我们得以认识到生活

第二章 精神、人的存在、理性

中的成就与可能性是处于怎样的广阔背景之中。正是这种背景赋予科学以意义和活力。这便解释了一个其表现处处可见的秘密：科学的决定性因素并非仅仅是操作层面的理性和有形的产出，还有一个更微妙的因素，它表现在工匠精神与个性特质，而非具体结果上面。

　　精神、人的存在、理性是科学观的基础。它们是科学内部的哲学要素，尽管从来没有人明确承认它们。人们会在科学的边界处感受到它们。正是通过这三者，求知的热情才会转化为真正的苏格拉底式的无知。这种无知不会随着知识的进步而减少，反而恰恰是在知识变得更加清晰和广阔时，它才会充分显现出自己的深度。哲学性的无知总是伴随着一切学科中的哲学成分。

第三章 文 化

> 科学观念所代表的不只是具体的事实性知识,而且需要我们按照理性来实现整个人格的转变。

文化是一种后天习得的状态。有文化的人，就是由一种给定的历史性理想所塑造的人。一套由联想、仪态、价值观、表达方式和能力组成的融贯体系已经成为他的第二天性。古希腊人的文化观是身体的美加上不断追求卓越；古罗马人行事讲究自制力与责任心；英国人的文化理想则是绅士。文化理想通过四种方式将理想的承载者与其他人区分开来。一种是按照社会阶级出身划分，如骑士、祭司、僧侣、市民；一种是在智识圈层中定下基调，如凡夫俗子、艺术家和诗人、学术中人，一种表现在主要的技能领域上，如诗学与体育、学术训练与素养、语言与文学教育、科学技术知识；最后一种表现在教育机构上，如古希腊有体操场和聚会广场，王公贵族有宫廷，法国人有沙龙，德国人有大学。上述文化理想的共同点是，它们都有一种形式意识和自律意识，而且认为文化必须通过练习成为人的第二天性，仿佛文化是与生俱来，而非后天习得。

与面向整全人格的通识教育不同,所谓的"专业教育"只是教育的一个方面,它面向的是需要专门知识与技能的具体职业。在希腊化时代的埃及,一名埃及人只要在青年时代接受过希腊式的体操场教育,便具有了担任公职的资格。所有受过这种教育的人都会登记在册。古代中国人通过科举考试后便有了士大夫阶层和出仕做官的特权。德国人要想算是受过教育,以前必须从拉丁语学校毕业,现在必须从多种高等学校之一毕业才行,否则就无法进入大学学习,也没有从事某些职业的资格。

有时,一个国家全体接受了一个特定阶层的文化理想,从而使其普遍化了。英国绅士或法国男士的统一固定特质就是这样形成的,而在德国,没有一个阶层发展出具有足够感召力的文化理想。因此,德国没有一种全国统一的文化;仅仅从国民身份的角度看,德国人仍然是野蛮人。对德国人来说,文化总是纯粹的私事。

就大学文化的起源而论,其形式便是进行科学研究的学科。这就是科学观念的功能,也是各有侧重的每一个学科的功能。

科学观念不只是专门知识和素养而已。它要求我们能够为了客观知识而暂时放下自己的价值观,为了公正无偏地分析数据而放下偏见和特殊利益。如此一来，我们不仅能获得本质上无偏的知识，更能从一个新的角度来阐明我们的个人偏见，消除其中的狂热与盲目。真正的客观性，正是以我们对自身局限性的体验为基础的。我们所面对的无解难题，它们的答案常常指向自身之外，于是我们学会了要超越手头数据资料本身去寻找真正的答案。科学观念所代表的不只是具体的事实性知识，而且需要我们按照理性来实现整个人格的转变。

科学方法要求客观，要求献身使命，要求用心权衡，寻找相反的可能性，要求自我批评。它不允许人任性遐想，因一时的心血来潮而不计其余。它的特征是怀疑和追问的心态，是得出普遍结论时的谨慎，是验证自己的断言所具有的局限性和适用条件。

如果没有科学中对理性的不断运用，那么按照一种固定不变的理想所开展的教育便会是死板的和受到束缚的。当教育训练我们将理性运用到每一个问题上，并且在整个人生中追求灵活的理性思维时，这才是真正的人性教育。

科学教育的另一个特征来源于学者投身的具体学科。自然科学与人文学科的教育价值有着截然不同的性质。自然科学的"现实主义"和人文学科的人文主义看起来是两个不同的文化理想。两者都依赖于科学研究,一者是通过熟悉经观察和实验得来的自然现象,一者是通过熟悉分析对象的著作。

人文学科研究人的精神。如果要真正理解,那需要跨越千百年的心意相通。我们只能局限于自己能理解的东西:人物、作品、年代。我们很少探讨人类心灵产物的地理、人种和自然背景,这些因素是很难解释的。但是,我们的生活中到处都受到这些难测事物的影响,自然科学试图理解的正是它们。在人文学科中,我们认为这些事实可以从外部来解释,但不会从内部去理解。

人文学者和自然科学家都倾向于主张自己的学科是唯一的真理。自然科学掌握了现实世界中关于整个知性存在的那一面的具体知识,不愿意将万事万物都归因于精神。相反,人文学科反对将精神还原为物质和生理,人文学者知道人类的精神不能这样还原,它有自己的独立的起源。

迄今为止,一种结合人文主义与自然科学的现实主义,以图交相辉映的教育理想还没有实现。

人文学科在教育上是有价值的,因为人文学科能让我们真切意识到人类的过往,参与到文化传统中,了解人类潜能的广阔。即使在人们已经遗忘了如何开辟新境界的领域(这是语文学的研究范围),既有成果仍然有其重要性。将过去伟

第三章 文化

大时代留下的神话、意象和著作融会贯通，这本身就有教育价值。自然科学的教育价值在于对精确观察的训练。研究对象本身的教育价值远远低于人文学科。在物理学和化学中，研究结果相对不太重要，得到这些结果的方法才有教育价值。要是一个自然科学家除了研究结果外一无所知，那么他拥有的知识本质上就是僵死和无意义的。他将科学扭曲成了教条和权威。

　　大多数人以为最重要的东西，是将科学研究的成果统合为一个教条体系，而这一点对自然科学家来说，恰恰是最没有教育价值的。如果我无法独立检验一条知识的成立与否，那么它不仅完全没有正面的教育价值，事实上反而是有害的。从原理上看，这些教条体系永远是虚假的，正负相抵后的净效果等同于古时候的神话。唯一的区别在于，现在是一个荒芜的抽象体系取代了古时候的神话世界。于是，一片无比贫瘠的荒原取代了原来那个丰富充实的完整世界。现如今，人们凭借信仰接受了一种世界观，这种世界观的启示来源是科学的权威。空洞的科学抽象知识取代了人与自然之间生动鲜明的亲密关系。

　　这便是自然科学的困境。自然科学在科学的精确简洁方面登峰造极，用最清晰的方式阐明了隐含于自然科学知识内

047

部的种种假定。自然科学确证了康德的命题：科学之为科学，只在于它保持了数学意义上的严格。此外，自然科学中的一切都取决于步步推进的探究，而不依赖于对成果的认同。然而，自然科学还蕴含着一片更广阔的领域，即便是无机界也拥有无限繁多的矿物形态。可是，现实在有机生命中表现出的高深莫测和匪夷所思，要比无机界大上多少啊！康德的话放在今天依然成立："我们确实不能按照因果性-机械性的原理来理解有机生命及其内在的潜能，更不用说解释了。这是确定无疑的，以至于我们可以斗胆断言怀有下列盘算甚或希冀的人是荒谬的：世上会再出一个牛顿，他能够用自然律来解释哪怕一片草叶的生长，而且这种自然律本身不是由某种外在目的所规定的。"

今天，研究有机生命的学科正在不断发展。这个研究主题快要具备独立的教育价值了。我们已经取得了关于一个无限多样的新世界的洞见，这些洞见拓宽、明晰和深化了我们与生俱来对自然的亲近感，因此与一种建立在机械论思维世界观基础上的宗教替代品相比，一种建立在生物学世界观上的宗教替代品还不那么坏。这两种宗教替代品里到底蕴含着怎样的教育价值，这完全取决于知识成果在多大程度上被转化为实际的观察、实际的沉思，以及对周遭世界的实际认知。

知识成果若是变成了一种教条的世界观（Weltanschauung），其教育价值就会减小。因此，即便这种或那种形式的教条化实在是难免的，但一种富含奇迹与魔力要素的真切神话仍然具有无与伦比的教育价值。

第二部分

大学的目标

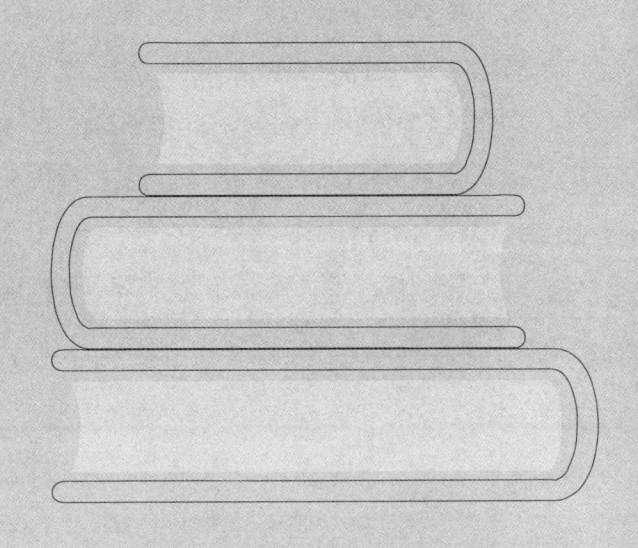

大学致力于追求科学与学术。研究和教学是为了推动智识文化的发展，这是一种赋予真理意义并显明真理的文化。

　　因此，大学的使命可以分为三项职能：科学研究、知识传授和文化教育。显然，当我们单独考虑其中任何一项时，都不能脱离其他两项。（第四章）

　　为了大学事业的顺利开展，思想者之间一定要有交流。学者与学者、教师与学生、学生与学生之间必须要交流。所有人之间按照各自的知识水平进行交流是必要的。我们必须要探讨这种交流的意义、交流可能采取的形式，以及交流的自由。这才是大学生活的活力内核。（第五章）

　　大学是在制度框架下实现其目标的。这套框架是大学存在的根基，而且反映在大学的流程安排与管理活动之中。制度既是不可或缺的，同时又时时威胁着大学的理念。根据知识的定义，知识的目标在于统一。个别学科是有兴灭存亡的。但在知识的领域中，这些学科又是需要彼此的。大学便是以这样一种方式来呈现知识的统一性。（第七章）

第四章　研究、教育与授课

> 有三件事是大学必须要有的：职业训练、整全的人的教育、科学研究。三大因素构成了一个有机的整体。拆分三者，大学的精神也就随之湮灭。

学生上大学是为了学习文理知识，掌握从事一种职业的本领。学生的任务和处境看似清清楚楚，其实却经常陷入困惑。能学的东西实在太多了，于是学生想要知道什么才是最重要的。课程最开始的迎新会讲座、学期实习和课程大纲只能部分解决学生的问题。归根结底，学生必须自己在讲座、实验室和研讨课的世界中找到自己的路。

但是，学生对大学的期许甚至还要更多。诚然，他有一门专业，而且有明确的职业意向。但是，大学的传统光环尚存，在学生眼中，大学依然代表着一切知识门类的统一性。他尊重而且想要体验这种统一性，借此形成稳固的世界观。他想要达至真理，想要认清世界和人。他想要与无边无际的整全宇宙秩序不期而遇。这就是科学与学问的本质精神：它们要连通一切可知之识所组成的总体。

然而，甚至这些也不能让青年人满足。青年人把生活看得非常严肃，因为他明白前方还有许多重要的决定要做。他感觉自己富有可塑性与可能性。他明白未来自己会成为怎样的人很大程度上取决于他自己。他感到自己的日常生活，每一个小时，每一次生命力的涌动都是重要的。青年人学习的方式有两种，或者是通过自律掌握一门手艺，或者是与同道友人进行真诚的探讨。

　　大学很少能达成学生的期许。一开始的激情不会持续太久。学生可能本来就不清楚自己到底想要什么，自己正在做什么。不管怎么说吧，他幻灭了，他困惑了。他不再努力，迷失在了死胡同里。他学习只为了考试，评判一切知识的标准都是对考试有没有用。他觉得上学是进入职场之前的一段痛苦过渡期。现在，进入职场成了学生救赎的希望。他说自己大概是太笨了，把握不住本质，于是一门心思锻炼专业技能。另一种可能性是，学生原初的创造力激情失去了生命力，学生成了光说不练的。他懒得下功夫，希望直接把握住理念、统一性与深刻性，而不愿意下一丁点苦功，从他的思想来看，那不过是细枝末节。他觉得只要读几本好书，那就是做学术了。他对真功夫的理解是扭曲的，最后追求的不是学问，而是醍醐灌顶的启示，他把课堂误作了布道的讲坛。

　　如果运气好的话，一个学生会走出他自己的路，一条只受他个人的直觉引领、有发展、有目标的道路。归根结底，不知路在何方的人才走得最远。反思自己要从事的行业有什么宏观上的意义对一个人的成功不会有任何直接的助益,但却有间接的帮助,也就是让他认识到可能性与局限性,从而避免陷入迷茫。有志学者会思考研究课题的方向、次序和目标这些大问题。求知意志蕴含着认清自己眼前所做之事的意志。我们在这里所做的讨论是为了帮助读者踏上作为一种生活方式、作为人的一种存在形式的思想探明之路。

有三件事是大学必须要有的:职业训练、整全的人的教育、科学研究。大学集职业培训所、文教中心、研究院三职于一体。有人尝试过逼迫大学从这三条可能的路径中做选择。他们问:我们到底想要大学做什么?于是,他们说,既然大学不可能面面俱到,所以就应该从三个选项中确定一个去做。甚至有人建议解散现在的大学,换成三种专门学校:职业技术学院、通识教育学院(可能需要一批专门的师资)和研究院。但是,这三者在大学的理念中是统一的,是不可分离的。如果切断三者之间的联系,则大学的精神实质必受损害,同时大学也必定会残缺不全。三大因素构成了一个有机的整体。拆分三者,大学的精神也就随之湮灭。

科学研究

在大学生活中，师生都受到同一个动因的推动：人的基本求知欲。然而，知识的每一次进步都需要付出顽强的、不知疲倦的功夫。这种功夫涉及三个要素：

（1）狭义的功夫包括学习知识和锻炼技艺，拓宽知识范围，掌握研究方法。下功夫是其余一切的基础。下功夫是最需要自律和条理的，是最耗费时间的，而且随时都可以开始。只有下苦功才能打下不可或缺的基础，才能学会使用器械，才能掌握必要的方法，用以表述和考察新的发现，以及验证什么推断纯属猜想。没有人不尊重坚持用功者的自律与耐心。大学生应该立即开始用功，因为他上中小学时已经学会了这件事。歌德说过："我们越早明白增进天赋是有法可循的，不管叫它手艺还是艺术，我们就越幸福。"但是，只要一个人以手艺精湛自夸，还认为这就足以让自己的贡献有价值，那他便陷入了材料和技术的泥沼中。只知用功，不过是嫉妒和憎恨一切眼界开阔的真知灼见，并不高贵。

（2）下功夫若要脱离单纯的埋头苦干，若要具有意义，那就需要某种仅凭良善意志不能达到的东西。科学发现的意义是由灵感赋予的，灵感不是理性，但却是科学家真正的原

第四章 研究、教育与授课

动力。灵感是会生长和运动的。灵感不能仅凭意志推动，但只有持续下功夫的人的灵感才会生长。"推测"是不可预测、不可计量的。学术发展的唯一动因是模糊的，是无法用理性探知的，也是不能制造出来的，但就这一条就需要学者用心投入。科研工作者属于那种必须"永远把研究主题放在脑子里"，必须全身心投入努力的一类人。他不能把生活分成工作和娱乐两块。生活方式是产生灵感的先决条件，尤其是值得认真对待的灵感。许多人有了好的灵感却不上心，于是很快就忘掉了。

（3）在埋头苦干之外和之上，文理学者还要具有思想上的良知。尽管他明白自己必然时时处处依赖于运气和正确的直觉，但他同时也要努力对自己的创造性冲动施加有意识的、诚实的掌控。不知目标与反思的勤奋、单纯的感觉和信念、一味附和他人与寻求开示却不能催发自身的创造力，这些做法同样是违背学者良知的。学者试图将偶然孤立事件与整体连接起来，追求连续性，反对思路被任意打断。但是，当良知驱使他去追寻能够带来更远大的成果的灵感时，学者会把思路打断，转而奋力探求新的灵感。他对频繁转向和一条路走到黑的绝对连续性同样是不信任的。因为学者追寻的是自身灵感的终极意义，他希望通过努力得出这些意义，所以他不关心单纯的流行风尚。但是，他是关切当下的，当下的时刻与永恒的化身。他能够将自己隔绝起来。他知道外人没有能力评判他的路径是对是错。他的决定是由自己的思想良知做出的。外人的建议完全不能减轻他背负的责任。

大学的责任，便是基于以上三个要素来促进学术工作。

学习过程中的内容是确切的。万事万物都不能免予刨根问底的求知。世间的一切存在都应该进入大学的视野，成为研究的对象。知识不能仅凭大脑来创造。在这个意义上，只有数学家和逻辑学家是自足的，不需要越出日常经验以外。学生在任何时候都需要实证观察的素材。大学懂得这一点，所以为学生提供了藏品、图书馆、门诊部等额外辅助资源，还有研究学习的材料、图片、装置器械等。

然而，知识的对象不只是没有生命的物。心灵本质上是有生命的。一段历史时期、一个文明能够达到真正的自觉。当一个时代中的思想者与自己的时代形成了一种"回馈"关系，当他们与富有思想创造力的人建立起了联系，这种自觉便达到了。大学是在一种无法定义的背景中存在的，也就是一种思想氛围，一种人与人之间的"反馈"，这种反馈不能凭借意志或组织行为来引发，而是要么本来就存在，要么本来不存在。一种不可揣度的团体或个人间的关系就这样形成了。

如果大学的血管中不再流淌着这种人文思想的生命之血，或者只有学究和俗人研究活生生的、与他们自己格格不入的素材，那么大学就会变得贫乏。如果大学里有语文学而无哲学，有技术而无理论，有无尽的事实而无灵感迸发，那样大学就会变得贫乏。

大学本身总是一方有限的天地，要通过旅行、接纳访问学者、广泛而深入的私人关系、海外联系来拓宽，或者教工也可以像医生等人那样长期从事一些实际工作。只要这些实践活动可以与人分享，可以转化为灵感，可以在学术共同体中引发反响，那便能强化大学之理念。

如果说研究是大学的使命，那么它在大学中得到履行的同时，必然要面对许多彼此冲突的义务。因此，有人得出结论说，不承担任何其他职责的纯粹研究机构是比较好的选择。事实上，目前已经有一批这种研究所组建起来了，而且成果颇佳。但是，研究所本质上还是衍生于大学。从长远来看，研究所必须与大学联合起来，方有发展。研究所依赖大学供应人才。此外，研究本身既需要获取整体知识的渠道，也需要与各种专家交流的机会。如果不是因为研究内容的性质而必须建立在特殊地点，那么研究所就很适合建在大学城中。一个专门项目可能在一定时间内取得惊人的成绩，尤其是自然科学领域的课题。但是，研究必须与整体知识界保持活跃的联系，才能有意义，才能永葆创造力。对个别科学家或人文学者来说，在研究所里工作一段时间乃至奉献余生，摆脱大学里的其他事务或许是有利的。然而，他的成就是通过与学术共同体的交流实现的，他有朝一日或许也会重返这一共同体。不仅如此，甚至是大部分时间里，教学本身往往都对研究有激励作用。

除此之外，教学极其需要只有研究才能带来的实质内容。因此，教研结合是大学的一项崇高而不可分离的基本原则。教研结合之所以有效，不是因为节省经费，也不是因为科学家或人文学者必须借此获取研究经费，而是因为在理想状况下，最优秀的科研工作者是最优秀的教师，也只有他们才能胜任教师。科研工作者可能不擅长传授也就是说不擅长传递单纯的事实。然而，只有他们才能让学生接触真实的探究过程，进而体会科学精神，而不是死记硬背呆板的研究结果。科研工作者就是科学探究精神的化身，学生在与他们的交流中会看到真正的知识是存在的。他们会在学生身上唤醒与自己类似的冲动，将学生引向知识的源头。只有亲自做科研的人才能真正做好教学，其他人只是传递若干编排好的事实罢了。大学不是高级的中学，而是更高层次的教育机构。

第四章　研究、教育与授课

大学设有面向具体职业的学院，目的是让学生毕业后，能够胜任那些只有具备基本科学观念的人才能从事的工作。这就需要学生了解研究过程和研究方法，与狭义的职业培训判然有别。要想为这些特殊职业做好准备，最好的办法不是记住一堆封闭的知识，而是培育锻炼那些科学与学术思维所需要的能力。唯此方可为延续终生的思维与科学训练打下基础。唯有大学能打下职业训练的基础，而唯有实践方能熟巧。学生终究要在实践中成长进步，而大学应该为此提供尽可能好的条件。

青年人必须学会如何提问，必须系统地、刨根问底地研究过某个事物。然而，他不需要把所有事实都记在脑子里。死记硬背总是没有长久价值的，考试过后很快就忘了。之后，决定性因素不是学到的知识集合，而是获得的判断力。重要的不是事实本身，而是自己去获取事实，对事实进行有意义的思考，知道应该提出哪些问题的能力与动力。能带来这种能力的不是死记硬背事实，而是接触现实中的研究过程。技术细节、知识纲要一类东西没有被排除在外，而只是交给教材去负责了。仅仅五十年前，人们还常说"高等教育机构不是高等的中学"。在理论学习过程中尽可能涵盖切合实用的材料当然是好的。但即便如此，最重要的因素依然没有变化，即活跃的头脑、抓住问题和提出疑问的能力、对研究方法的掌握。

从名字看，大学就是一个"宇宙"。①尽管仍然有科系划分，但探索与研究仍然构成了一个密不可分的整体。如果大学一面变成专门学院的集合体，一面容忍仅仅是装点门面、大而化之、含糊其词的所谓"通识教育"，那便是大学的退化。学术依赖于个别与整体的关联。如果脱离了与知识整体的联系，单个学科就是无意义的。因此，大学要向学生传达一种统合观念，打通学生本身的专门领域和知识整体。如果上课学习、掌握研究规范和事实知识这一整套活动失去了与学术理想的关联，甚而让学生无法实现学术理想，那么它反而是有害的。

因此，大学必须为专门职业打下双重的基础。大学要灌输两种贯彻终生的信念：一是坚持科学观念；二是坚持追寻知识的统一性。这两者是一切脑力职业的必要条件，这些职业不只是规范操作专门技术而已。医生、教师、行政官员、法官、神职人员、建筑师分别以自己的方式关切着整全的人，

---

① "大学"(university)一词的本意是教师与学生的"宇宙"，但词义很久以前就变成了今天讲的"大学"了。——原注

以及人类生活的整体境况。如果这些职业的教育过程没有让我们形成整体意识,培养我们的感受力,向我们展现知识的广阔,让我们养成哲学思维,那么这种教育在思想和人道方面就是有欠缺的。学生获得学位时必然还有专业能力上的欠缺,这种欠缺是可以在实践中弥补的。学术和科学训练上的欠缺则是无可补救的。

每一个从事脑力职业的人都必然用到学术思维。然而,真正的学者或科学家能够经年不懈地思考,同时不失去全局观。因此,传授科学训练实务的最佳方式,就是鼓励学生养成研究的习惯。

打通自身与整体的联系,这就是所谓的"哲学"视角。在这个意义上,一切科学都是"哲学",只要它没有忽视手段背后的目的,也没有忙于整理字句和事实,埋首于仪器、藏品、技术或孤立现象,从而迷失了自身,失落了理想。按照康德的看法,哲学的尊严、哲学的绝对价值赋予其他一切知识分支以价值。这并不意味着人人都应该研究哲学。许多人不仅在新颖的发问方式中,更在对"哲学整体"的批判中显示了自己的哲学冲动。然而,有意义的哲学是在科学和人生本身之中发挥作用的,而不仅仅是哲学的词汇和术语,批判哲学的人攻击的对象其实往往是后者。能够生发出科学研究的哲学冲动、指出研究方向的灵感，还有为研究赋予目的和价值的意义，这些才是有价值的。这种哲学思想是有价值的，它能够影响和激励文理学者。简言之，这种哲学是贯通于大学整体的。专门的哲学教席也好，不需要与大学整体进行直接联系也能自行发展的专门哲学系也好，它们的存在只有在纯粹的行政管理和知识讲授方面才具有合理性。

作为思想塑造的教育

与传统一样，正规教育往往依赖于特殊的社会组织形态。教育观的变迁往往与民族变迁的历程相伴。教育的统一化因素分别反映了某一个社会集团的主导地位，比如教会、阶级、民族。我们可以通过这些社会集团世代自我延续的方式来描述教育。因此，每当社会变革之际，教育也会发生变化。不仅如此，革新社会的企图首先会表现在教育问题上。因此，要考察教育的内涵与方法，我们必然要将其纳入国家和社会的宏观问题中。在柏拉图《理想国》等美好社会蓝图中，政治机关与教育机构是一体两面。教育将每个人培养为社会的一分子，反过来，社会又是个体受教育的渠道。

第四章 研究、教育与授课

现在，我们从历史变迁影响教育的视角来考察教育的若干方面。课程内容是由时代的社会需求所决定的。神学知识是培养神职人员所需要的；运用语言的技艺是人文教育所需要的。在古希腊贵族男子的教育中，神话传说是必备的知识。当代教育则强调社会学、经济学、技术、自然科学和地理学的重要性。教育会随着文化理想而变化。学校的组织形式反映了社会的结构。古人尝试过各种各样的教育体系，比如不同阶级各自的中小学校、面向贵族的学院和私人家教等。一切民主体制都要求实行普及公立教育，因为要塑造一致的人民，莫过于实行一致的教育。

除了社会和历史因素，我们还可以区分出三种基本的教育形式：

（1）经院式教育。这种教育仅限于"传承"传统。教师只是复述，本身并不积极参与原创性的研究。所有知识都整合进了一套体系中。某些作者和书籍被视为权威。教师的角色是去人格化的；他只是一名代表，任何其他合格的人都能取代他。一切材料都被简化为公式。中世纪教师向学生念一段文本，然后点评。现在有课本了，用不着口述文本。但是，中世纪教育的基本理念在今天绝没有灭亡。学生信从了某种思想体系，体系庇护了学生，但没有让他臣服于任何一个人。

一切时代的知识都被冻结成了一套井然有序的世界观。在这里，学生只对永恒不变的事物感兴趣，他想要同化研究成果，还想把"白纸黑字"的结果带回家，就像歌德作品《浮士德》中的那位学童一样。经院式思路仍然是西方理性主义不可或缺的一部分。

（2）学徒式教育。在这里，最重要的不是去人格化的传统，而是让人觉得独一无二的个性。学徒对师傅本人的敬爱中必然含有崇拜的成分。师傅与学徒之间的悬隔不来自量的差距（师徒是两代人），更有一种内在的、性质层面的区别。师傅本人施加着一种带有奇迹般力量的权威，其中有许多种不同的动机在发挥作用。有的是需要将自己托庇于他人，有的是想逃避责任，有的是想体验那种与崇高连为一体的解脱感，再加上高涨的虚荣心作用，还有想接受更严格的、自己无法施加给自己的规训。

（3）苏格拉底式教育。在这种教育中，师生应当处于同样的水平。两者都应该是自由的。这里不存在严格便捷的教育体系，而只有无止境的追问，只有面对绝对存在的终极无知。个人责任被发扬到了极致，完全无可推脱。教育是"助产妇"，帮助学生将自己的能力和本领降生出来。学生被唤醒了，认识到了自己的能力。在这个过程中，他并没有受到外力的推动。重要的不是个人现实中的偶然遭际,而是在自我认知过程中浮现出的真实自我。苏格拉底式的教师会反对学生将自己奉为权威和大师的冲动。学生受到的最大诱惑正在于此。他让学生不要关注自己,而要反观自身;他隐匿在悖论之中,让自己难以靠近。在这里,师生之间的密切关系不是服从关系,而是一场追求真理的比赛。教师知道自己只是凡人,于是要求学生将人与神区分开来。

在以上三类教育中,尊重都是一个重要因素。在经院式教育中,尊重对象主要是在社会层级结构本身中就能看到的传统。在学徒式教育中,尊重对象主要是师傅本人。而在苏格拉底式教育中尊重的是超越凡俗的心境,这种心境为人的生命施加了横跨两个世界的重担。

对教育来说,尊重是不可或缺的。少了尊重,剩下的最多只有刻苦而已。尊重是一切教育的实质。认识绝对存在是人性的要求,非此则万事都失去了意义。

绝对存在在世间的反映有三个层面:集体层面,例如个体准备要加入的社会群体、国家或体制化的宗教;个体层面;以及同时兼具两个层面。

只要教育的实质出了问题,教育就会变得刻板。掌握权威的人故意秘而不宣,从而维持虚假的尊重。别的办法还有要求盲目服从个人权威，以及唤醒人对服从的欲望。单纯的"履行义务"成为下功夫的替代品，而下功夫对教育是至关重要的。人们不再寻求个人限度的最大发挥，而是努力满足自己对名誉地位的野心。死记硬背被认为有用的材料，取代了教育对整个人的转化作用。人们不再用自己的整个人来确证某种教育理想，而是只对记住很快就会忘掉的事实感兴趣，记忆是为了考试，而通过考试据说就能给他盖上写着"受过教育"的印章。

一切正规教育都可以从上述三种教育方法中自由选择，但前提条件是众所周知教育本体的价值。如果没有对这一价值的信念，则不可能有真正的教育存在，只会有教书匠的手艺罢了。

一旦教育的本体出了问题，对教育的信念发生了动摇，那么教育到底有什么目的的问题就会自然提出。但是，如果我们无视现实历史处境和自己的真实目的，简言之，如果我们想脱离自己的生活来寻找理想的话，那便绝无找到理想的希望。这便是下列教育口号意义不大的原因：因材施教、培养德性、拓宽参照系、人格塑造、民族荣誉、独立自强、发展自我表达的能力、培育人格、铸造共同的文化传统意识，等等。

第四章 研究、教育与授课

大学教育的本质是苏格拉底式教育。大学教育不是教育的全部，也不是高中那种讲授。大学生是成年人，不是孩童。他们已经长大成人，完全对自己负责。教授不给学生布置作业，也不会亲手指导。自由是最重要的因素，它与传统宗教修会和军校的做法是不相容的，哪怕后者取得了惊人的成绩。这种对严格训练与领导管束的服从性，让个人无法体会到真正的求知意志。服从性会妨碍人的独立发展，人是独立的，不承认神以外的任何源头或纽带。

大学教育是一个塑造人格的过程，目的是达到有意义的自由，手段是参与大学的思想生活。

不能孤立地追求教育。所以，除了教学和科研不可分离的原则，我们还有一条原则：事实上，教学科研与整体教育过程也是不可分离的。研究和专业培养之所以是有效的教育手段，恰恰是因为它们不仅仅传递事实和知识，更会唤醒统一的理念，培养科学心态。诚然，培养活跃思维还不是培养整全的人的全部。培养整全的人还有其他的内容，但大学教育是这个过程的重要组成部分。

按照上面的理解，大学的教育方式既非不可定义，但也并非确切无疑。寻根究底与探明道理是大学不懈奉行的精神，大学教育由此便融入了理性与哲学性的冲动，这种冲动是整全的人身上的决定性要素。既然大学成功接纳了整全的人,它便增进了真正的人性,也就是古罗马人所说的"人格"(Humanitas):倾听论证、有理解力、有能力循着其他人的观点一同思考、诚实、自律、前后一贯。但是,这种人格是自发形成的副产品,而非有意识要达成的目标。如果我们将它制定为教育的目的,与学术脱钩,那么反而达不到它追求的智识培育。我们想要的是那种不能带来系统扎实的文献功夫,徒有表面光鲜,仅能供人观看、欣赏、谈论的单薄"人文"教育吗?我们想要的是一种深入灵魂,将自身引向宗教需求的教育过程吗?大学不是教会,不是修会,不讲神秘,也不是先知和使徒的地盘。大学的原则是提供智识领域中的各种工具与机会,引领个人扩展知识疆界,让学生在做出所有抉择时都要回溯到自身,回溯到自己的责任感。这种责任感已经在学习过程中被唤醒了,被提升到了尽可能高的水平,达到了尽可能清晰的认识。大学要求的是无情的求知意志。因为学习过程与个人动力是相辅相成的,所以大学的目标是尽可能发扬个人责任感与独立性。在这个领域中,大学不尊崇任何权威,只尊崇无限丰富的真理,所有人都追求真理,但没有一个人可以自称占有了终极和完全的真理。

　　大学理念之所以有教书育人的力量,其来源是人原生的

第四章 研究、教育与授课

求知意志。它既赋予受教育者以笃定的目标，同时又给人深切的谦卑之心。洞见本身不能决定存在的目的，或者说终极目标。世界想要被理解，无论如何，这都是一个清晰的终极目标。研究之所以属于大学的一部分，不仅因为它是专业训练的基础，更因为大学本身是为了研究而存在的，是通过研究而实现其意义的。学生是未来的人文学者或科学家。哲学与思想将成为学生一生的方向，如果他愿意随着自己的思想一同成长的话，哪怕他是通过实践而非理论来塑造世界，实践所能取得的成果绝不亚于用发表出版物来衡量的科学与学术成就。

乍看起来，对学生来说，在思想世界中自由生活是一件充满了危险的事。学生被抛回了自力更生的处境，因为这是一种必须自己负责才能过好的生活。教师的传授是自由的，于是学生的学习也是自由的。大学里绝不能有高中那样的权威、规矩和学业督察，不能用这些来妨碍大学生。学生有"堕落"的自由。常言道，年轻人必须经历风雨，方可长成一代人才。当然，大学里有进行经院式讲授和狭义的学习以及练习操作方法的场所。但是，学生可以自由选择要在多大程度上参加这种课程，何时又要独自研究书本，无须教师辅助。

大学师生的理想关系是双方处于苏格拉底式教育的平等

地位，同时双方都强调标准，而非权威。基调是追求卓越思想，而非安于平庸俗见。我们生活与工作的共同责任是，号召对方追求思想与成绩，攀登最高的标准。我们的敌人是自鸣得意和庸俗心态。我们的根本愿望是接近那些我们崇敬的人。伟人的存在为我们提出了最高的要求，对伟人的爱为我们插上了翅膀。师生关系一直是苏格拉底式的。没有人会变成权威。沙砾在高崖面前依然是独立的。因为哪怕是沙砾也有实体。一个人承认"思想贵族"的存在，这只意味着他对自己提出了要求，而绝没有赋予他人自高一等的特权，也并非对其他人提出要求。从根本上讲，有两件事将大学的所有成员连为一体，不论师生，一件是发扬自我，追求至高成就的共同呼声，另一件是众人永远处在践行这一呼声、证明自身能力的压力之下。就此而论，我们最好不要沉湎于自我剖析，但同时也不应该要求外界认可。

一直有人说，学生应当成为人民的领袖。甚至有人提出了建立一所培养未来领袖的学校的奇谈怪论。这些看法违背了大学的理念。领袖是来自所有阶层和所有职业的。能获取专业知识的地方不止大学一处。学术训练并不垄断专业知识。要求领袖具有"思想性"当然是好的。但在现实中，领袖往往远非擅长学术之人。世界不是由哲学家统治的柏拉图理想国。权力意志、坚决果断、缜密心思、对当下现实的敏锐认识、实践经验与成绩，以及一些特殊的人格特质，这些都是重要的品质。学术圈也可能出领袖。但是一般来说，学术中人与领袖不是一路人。神职人员、医生、教师当然是有限意义上的"领袖"，或者是因为体制的权威（这与大学之理念毫无关系），只要他所在的社会认可这种权威；或者是因为他具有"领袖"的人格与精神品质，这些品格显现在他个人的性格之中，而且会不断受到质疑，永远不会成为个人的特权；又或者是因为他的专业知识在专业范围内证明了自身的效用。

传　授

传授知识的手段有讲座、研讨班、小型私人团体组成的实验室、二人对谈。

讲座占据首要授课手段的位子已有多年。按照讲座呈现学习材料的方式，听众可以直观地看到材料是如何收集的，又是为了什么原因收集的。单纯的事实靠看书就可以获得。而在讲座中，听众要做笔记，不得不思考讲座的内容。为了给听讲做好准备，听众还要做实验、研读书本和拓展自己的知识。

我们无法给好的讲座定一个标准。好的讲座具有一种无法模仿的特质，其引申内涵因演讲者不同而差别巨大，同时又各有其价值。有的演讲者以传授知识、感染听众为目标，要用思想将听众紧紧吸引；也有的演讲者视听众如无物，只是自顾自介绍研究进展，但即便如此也能给听众带来一种参与到真正的研究中之感。以综述为目标的讲座自成一类。这类讲座是不可缺少的，因为它们会唤醒听众总览全局的冲动，前提是讲座上同时也点透了具体细节。因此，大学应该安排最杰出的教授做综述讲座，从宏观整体的角度介绍研究的基本主题。

基础学科的具体内容是具有普遍意义的。与次级学科和专门技术相反，基础学科每一个细节都并非停留在细节本身，而是整体认知过程的象征。基础学科中的具体细节反映了整体，从而具备了普遍性。有的教材成功传达了这种隐含于一切学科中的普遍性。一门学科探究自身材料的方式揭示了它在多大程度上是一门基础学科。

过去几十年里，讲座一直受到批评。有人说，讲座是一种导致听众采取消极态度的片面教学方式，从讲座中完全无法看出听众到底有没有理解和吸收讲授内容，而且与讲座相比，书本的表述往往更好，学起来也更快。对于那些年复一

第四章 研究、教育与授课

年、照本宣科的差讲座，或者比随意发言强不了多少的讲座来说，上述批评意见是合理的。只有当讲座真正成为教授人生志业的一部分，做过精心准备同时又以无法模仿的方式反映了当代思想生活的时候，讲座才是有价值的。

这种讲座属于无可替代的传统。聆听优秀教授的讲座会成为一个人一生的回忆。打印出来的讲稿不过是苍白的残余，哪怕是一字一句的忠实记录。诚然，讲稿中仍然传达了一些讲座中有价值的东西，也就是演讲的内容。但是，演讲者本人呈现内容的方式就暗示了促使其走上学术道路的前因后果。透过他的语气、他的手势、他对思维过程的真切呈现，演讲者无意之中便传达了演讲主题的"感觉"。无疑，这种感觉只能以口头形式、在讲座中才能传达，在谈话或讨论中都不行。讲座情境会引发出教师身上的某种东西，如果没有讲座，这种东西就只会潜藏在他身上。他的思考、他的认真、他的质疑、他的困惑中没有一丝伪饰。他让我们得以参与到他内心最深处的思维中。但讲座一旦变得刻意，这种巨大的价值就会消散。讲座便只剩下修辞技巧、凄凉感伤、矫揉造作的客套话、试听效果、蛊惑人心和恬不知耻。因此，好的讲座准备起来没有一定之规，只需要认真对待：把讲座看作事业责任与成就的高光时刻，最后还要抛弃一切虚伪。从康德到马克斯·韦伯,一个半世纪以来的重量级讲座已经证明,哪怕演讲者在讲座中支吾其词、内容出错,哪怕句子有语法错误或成分残缺,哪怕声音缺乏感染力,这些都无损于演讲的重大意义,只要思想本质传达到位就可以。讲座笔记只不过是实际讲座反射出的微光罢了。然而,即便我们没有亲身回忆,光是想象当年的情景就已经是对我们的一次挑战。

在研讨班和实验室中,参与者是通过上手接触材料、实验设备和在具体实例中学习的概念来掌握研究方法的。学生要发挥主动性,拓宽自己对上述材料的认识。学习技巧占据的精力比较大,这里就不花费太多精力来探讨适用于不同领域及其各种专业设施的教学方法了。许多领域都有一套稳定的传统教学体系,其用意不是替代授课指导,而是提供了一个学习的框架。

研讨班和实验室的本意,是让学生直接接触研究对象和学习中的各个要素。它们与单纯传递信息的课程有着根本的不同,这种课程是为了弥补一些学生缺乏思维主动性、自学速度慢、效果差的缺陷。每一处细节中都间接隐含着总体。课堂上只会偶尔提及课本内容并给出简短的评论,目的是让学生明白有哪些欠缺空白需要自己去填补。根本要义是让学生亲自参与探索前沿的过程,从而培养学生的洞察力。最能激发独立研究的工作，是在掌握了一般课本知识的前提下研究具体问题、直入主题核心的工作。课本本身是枯燥的。反过来看，把自己拴在单一的目标上会让人变得狭隘。两者会互相带给对方生命力。

最后，讨论也是教育的一种形式。教师在小组中提出具有根本意义的问题，所有参与者都要积极参与讨论。于是，接下来一些参与者会与教师展开一场严肃而又活泼的交锋，从而结束这场讨论。在理想情况下，师生是平等交流的。双方会共同努力用明晰精确的方式来表述问题，从而在各自心中引发热情，以便日后做出扎实的个人贡献。

大学教育切忌"落入窠臼"。凡是有思想活力的教学活动都不免带有个人色彩：矛盾的是，只有当教授用真正客观的态度去研究思想时，他在教学中才会有真正的个性。兼具客观性与个性，既切题又离题的发挥能让课堂富有清新活力。

教普通学生是一回事，教有天赋的少数学生就是另一回事了。高中和大学的根本区别是：只要是交到高中老师手里的学生，他都必须教。但是，大学老师就没有这样的义务。大学教育原本应该面向的是精挑细选出来的，既满怀学术热忱，又不乏做学问的灵性的学生。实际上进入大学的人，是有能力完成入学所需准备的一群普通人。因此，淘汰的工作就要留给大学去做了。

有前途的大学生应当具备以下特质：追求客观性的欲望和压抑不住的追求学术成就的自我牺牲精神。这些特质是不能客观预知的。只有少数人具备这些特质，而且分布情况完全无法预料。它们只能间接地培育发扬。然而，大学必须面向这些少数人开办，如此才能践行自身的理想标准。真正的学生能够自力更生，在思维成长的过程里出现的不可避免也必不可少的种种错误和困难之间找到自己的方向，不会被大学提供的海量课程所迷惑。他们凭借自身的选择能力和自律精神来指导自己学习。我们必须准备好去接受，甚或是欢迎一个事实：茫然无路的其他人几乎会一无所获。人为的指导——如课程大纲、课程表和其他技术手段——会将大学变成高中，这与大学的理想是冲突的。它们造成的结果是让大学为了平庸学生的需求而调整，依据是大学应该让大部分学生至少学到足够通过考试的知识。这样的思路对高中是适用的，对大学则是有害的；大学生都是成年人了，哪怕我们只考虑年龄因素。

尽管如此，大学教学不可能只绕着一小撮拔尖的学生转。研究古希腊宗教的历史学家罗德（Rohde）认为，100个学生里有99个理解不了老师，剩下的第100个用不着老师。果真如此，那实在令人丧气。大学教育面向的既不是极少数天才，也不是平庸大众，而是有成长潜力和积极性但仍然需要指导的少数人。

有些指导针对的是天赋一般的普通懒学生，这大概是必不可少的。但总体来说，大学教育不是这样。对学生来说稍微有点难懂所以能激励学生加倍努力的讲座和研讨班，要好过学生虽然能完全理解但代价是讲授过于简化的讲座和研讨班。独立研读、实验室自习、资料收集、游历学习必须从一开始就成为正规课堂学习的补充成分。讲授的节奏是跟着前面提到的那些最聪明的、有前途的少数人走的，而占大多数的普通学生必须自己努力。所有人都要遵循同一个标准，没有一个人会完全满意。对智力一流学生的尊重，必然会激励所有学生尽可能发扬自身能力。

讲座是按照一定的整体顺序和计划次第进行的。初学者听讲座的顺序并非不重要。于是，必修课程方案出现了。但这样一来，大学的学习就太死板了。为了在统计意义上达到令人满意的确切平均成绩，大学变成了高中。这会导致大学的毁灭。当你顺着学生的意愿，扼杀了学生的学习自由时，你也就扼杀了思想生活。思想生活永远是在一片失败与挫伤的汪洋大海中偶然取得一些成就。它总是高于平庸水准的。

当学生和老师被拴在课程表和课程大纲、考试测验和平庸的标准上面时，双方都不会快乐。既不能激发人的活力，也没有令人活跃兴奋的平常氛围可以产生出精通技术"工艺"的熟手，以及经得起检验的事实信息。但是，这种氛围会压抑真正的智识和敢于冒险的研究精神。

第五章 交　流

> 交流本身是求真活动的一项机能,通过检验真理造成的影响来检验真理本身。借助思想交流,大学成为一个献身求真之人的汇聚之地。

大学将致力于文理学术与思想生活的人团结在了一起。"大学"一词（universitas）的本意——教师与学生组成的共同体——与学问的统一体同样重要。大学之理念要求人具有开放心态，愿意从专门学科的角度去探求整体，将自己与种种事物相关联。交流是大学之理念的必然要求，不仅是跨学科交流，更有人与人的交流。因此，大学应该让学者能够与其他学者和学生进行直接的探讨交流。按照理想的状况，这种交流必须是苏格拉底式的，是通过提问让人更清楚地认识自己和彼此。一种建立在思想共同体基础上的交流氛围为学术科研工作创造了适当的条件，尽管这种工作归根结底是独自进行的。

成功的思想交流可以有多种形式：两个人的友谊、青年组织、恋爱婚姻。格林兄弟、席勒歌德之友谊，早期德国同学会之类的青年组织，谢林夫妇、小密尔夫妇、布朗宁夫妇等学术伉俪在思想上的重要意义，此处无须赘述。

大学是一个无条件追求一切形式的真理的地方。所有形式的研究都必须服务于真理。这种彻底的承诺在大学中形成了强大的思想张力。思想张力正是进步的条件。借助在思想争论过程中产生的共识基础，引发论战的思想张力具有了意义。真正的学者即使在激烈争论时，仍然与其他学者紧紧团结在一起。

学者之间的交流之所以有成效，是因为学者在大学中追求真理时并不背负任何实际责任。大学只认可一种责任，那就是对真理负责。我们绝不能将追求真理与寻找饭碗混为一谈。追求真理不涉及利益的探究。

不管一个学者的观念是真，是假，或是真假参半，他都对自己的观念及其实际应用的后果负有巨大的间接责任。观念造成的后果或许难以预知。然而，一个负责任的思想者只要知道这种不可预知的后果存在，他便会谨慎行事。黑格尔有言："理论工作的成果大于实际工作。理念世界一旦发生变革，现实世界便不可能违抗。"尼采看到了这种责任，不禁战栗。他将一切最激进、最具破坏性的观念投入了世界。他既沉醉于极端的魔力，但也感到恐惧；他所处的时代是一个空洞，他发出了呐喊，却没有人与他交流。

有两件事可以提升交流的质量。一个是排除经济方面的考量，这样做会鼓励学者无拘无束地开展实验。另一个是对思想本身的责任，与不受阻碍的孤立思考相比，交流思想大大有利于学者承担起思想的责任。

思想表述和学术观念的效力根植于真理。交流本身是求真活动的一项机能，通过检验真理造成的影响来检验真理本身。借助思想交流，大学成为一个献身求真之人的汇聚之地。我们绝不能将大学与那种严格限制思想的自由迸发，把思想约束在课程表与教学次序中的学校同日而语。

因此，大学的每一名成员都负有开展交流的思想责任。当大学中人小心翼翼地对彼此关上了门，当思想交流变成了单纯的社交，当实质的精神联系因陈规旧俗而变得面目模糊，这时，大学的思想生活便会衰落。要想让思想交流成为可能，我们可以有意识地反思交流的本质。

辩论与讨论

在学术领域，保持交流的手段是讨论。我们会将自己发现的成果告诉他人，不过，当我们的说法遭到质疑时，真正的交流过程才算开始，采取的形式是双方在高度细节化的观点上产生意见分歧。只有触及终极问题的分歧才具有哲学意义。分歧有两种形式——辩论与讨论。

逻辑辩论中预定了若干规则。从规则出发,我们从形式上推衍出某些结论,借助矛盾律逻辑学自古以来发展出的无数种技巧来击败对手。只有一人是胜者。辩论的气氛从头到尾就是渴望击败对手。较量的结果非常有益于逻辑形式层面的清晰,尽管完全无助于对整体宏观思想的追求,在这种权力较量中,交流最后总是按照这样一条规则而终止:不可与否认辩论规则之人辩论(contra principia negantem non est disputandum)。

讨论是为了促进真正的交流,这里没有预定的规则,也没有必须坚持到获胜为止的立场。双方的假定前提尚且有待发现。双方的目标是搞清楚自己真正要表达的意思。每一条发现的规则都是新一轮讨论的起点,只要之前讨论的内容都已经明确了。一方要指出另一方隐含的假定,共识基础就这样逐渐在讨论中浮现。讨论没有重点,也没有赢家。看似"正确"的一方会逐渐怀疑自己到底正不正确。得出的任何结论都只是垫脚石。

真正不设限的讨论只可能发生在两人之间,哪怕再多加一个人都是干扰因素,很容易将讨论变成辩论,将人的权力本能唤醒。不过，我们也可以举行有多人参加的讨论。这种讨论能为后续两人之间的深入探讨打下基础，也能够指明各种视角和立场。不同观点走马灯似的接连登场，根本不试图展开激烈的讨论，那种讨论只有在观点快速交换的私下交流中才能顺利进行。这里不追求定论，于是多人大讨论是有一些具体规矩的：不能重复自己说过的话，也不能通过重复自己的观点来坚持主张其"正确性"。讨论者不可追求一锤定音，而要以说完自己该说的话，然后倾听他人为本分。

"学派"的形成：一个学术合作的实例

每一项学术或科学成就，归根到底都是个体的成就，是个人取得的成绩。不过，多人合作可收增益之效。合作生发于交流。合作与交流同在，则合作者斗志之昂扬，思维之明晰，动力之强劲，都会臻于极致；一个人的思想唤醒了另一个人的思想；灵思往来，激发不绝。

合作研究要与集体项目区分开来，后者可以说是工业化学术。集体项目之所以能有成果，只是因为项目负责人指挥手下干活，负责人口头上称他们为同事，其实他们只是负责人计划链条中的环节而已。

在另一类集体项目中，一批人（比如在同一家门诊部的工作）分别负责整体项目中的一个具体问题。单项成果是个人的成绩。但从整体来看，项目仍然是一个由单项成果拼凑起来的集合体，依赖于口头或书面的谈话与相互批评。

"学派"代表着思想传统的延续。学派有两种兴起的方式。一种是门徒效仿宗师，拓展、修订宗师著作，追求类似的成果。另一种是思想传统不绝如缕，学生和老师之间可能是独立的关系，因为思想传统往往是围绕一群人，而非一个人展开的。于是，一个学派，一场可能会延续几代人的思想运动产生了。师生以平等的身份相识，在彼此交流中获益。在竞争的激励下，他们都会竭尽全力。兴致的大小与想法激发出的反响强弱成正比。争胜嫉妒之心被转化成了一种有客观性的竞争热忱。

学派是自发形成的，不能诱发，也不能刻意构想出来。如果有人尝试这样去做，结果一定是虚假的无用功。庸人大批涌入学术界的现象已经在各处造成了一种温室文化，在这种文化中，下列两种情况必居其一：要么是有一种外部的、刻板的研究方法，它似乎很容易就能学会和运用，以致人人都可以"参与"；要么是有一种纯形式化的思维方法加上有限的几条简单公理，是基本上什么都能套进去的万金油。

新思想的发源地往往是很小的圈子。几个人，两个、三个，也许是四个在同一家研究所或医院的同事，针对一组想法展开交流，于是激发培育出了共同的新洞见和新成绩。这种精神在朋友之间悄悄发育，通过客观的成绩证明了自身的价值，最终发展完全，成为一场思想上的运动。

这种精神是不可能将大学整体团结起来的。它属于小群体。这些群体彼此交流的时候，便是大学最具活力的时候。

大学：学科与世界观的交汇之地

在大学中，所有学科都是连为一体的。各系学生互相结识，丰富多样的知识形式将他们联系起来，激发起他们的灵感。相互砥砺之下，他们共同走向知识的统一。孤立的学科会分崩离析，变成一个由毫无关联的单元组成的松散集合体。各个学科在大学中齐聚一堂，于是它们之间的关联被重新唤醒，斗志昂扬地朝向知识的统一而奋斗。

然而，跨学科的外显交流有赖于广泛的内隐交流作为基础。思想运动有一项根本的吸引力：即使在各个学派发生冲突时，它们也是承认对方独立性的。

交流的意愿会颠覆一切怪异和遥远的事物，也会改变那些宁愿将自己封闭在私人信念中的人。自愿展开交流的人有遭到质疑的危险，因为只有当他的观点经受到最极端的质疑时，他才会明白自己的想法是否对路。对思想运动所栖居的大学而言，这种交流冲动具有根本性的意义。

接受大学之理念，在一定程度上就是接受一种生活方式。所谓大学之理念，就是开展没有边界的探索，让理性无拘无束地发扬，拥有一颗开放的胸襟，追问一切事物、无条件地捍卫真理的意志，同时又懂得"要敢于认识"的危险。有人可能会就此得出结论，认为大学中只应该允许上述世界观存在，于是要对异议者的信念进行审查。然而，此举违背了大学的理念。大学不会审查潜在成员的世界观，要考察的是专业成就与思想水准。大学要与宗派、教会、狂热团体等企图将自身价值观强加于他人的组织保持距离。大学之所以要如此，是因为大学之所愿，唯自由发展而已，宁愿消亡，也不愿意小心翼翼地屏蔽自己不熟悉的观念，从涉及根本问题的思想冲突中抽身而去。

大学对自身成员只有如下要求：专业水准和思想水准、对工具器械的熟练掌握、学术上的诚实。甚至应该接纳那些

第五章 交 流

所谓"献祭了思想"（sacrificio del intelletto）的人，乃至那些若有可能排除异己便不会宽容他人的人。大学有承受此种做法的自信。大学要的是蓬勃的生命，而不是一潭死水。大学具有交流的意志，于是甚至会寻求与那些拒绝交流的人合作。若是大学拒绝接纳一位已经证明了自己的学术成就，且按照合乎学术规范的方式工作的学者，那么哪怕此人的学术活动最终在旨趣上易于常人，也是违背了大学之理念。

同样，要求一所大学中具备每一种世界观，比如哲学、历史学、社会学和政治学，那也不符合大学之理念。如果某一种看待世界的视角没有产生出第一流的学者，那么它就称不上一门科学。就个体而言，人当然喜欢与看法相同的人共处。不过，只要他认可大学之理念，而且在人员选录上有一定的发言权，那么他便会倾向将最多元的视角纳入大学。他这样做的目的，是为拓宽思想眼界的有益争论创造机会，不论有何风险——首要之目的，便是让学术成就和思想水准成为唯一的决定因素。对大学来说，接纳反对自身目标的人不仅仅是一种宽容，更是一项要求。只要这些人愿意在大学中表达和分享自己的独特信念和权威学识，只要他们的信念还可以推动他们的研究，他们对大学就是有用之才。但是，如果他们企图让自己的信念主宰大学，如果他们在选录人员时偏袒有同样观点的人，如果他们用宗教先知式的宣传取代了思想自由，那他们便与大学中其他致力于维护大学理想的人发生了最尖锐的对立。

第六章　大学作为一种机构

> 大学的机构在多大程度上体现了大学的理念，这便决定了大学的水准。失去理想的大学没有任何价值。

大学是在一套机构框架下履行其研究、教学、学术训练、交流之职责的。大学需要房屋、实物、书籍和机构，机构又需要有序的管理。权利和义务必须在大学成员之中进行分配。大学是一种完整的独立社团，具备自己的一套建制。

　　大学只有机构化，方可存在。大学的理念在机构中得以具象化。大学的机构在多大程度上体现了大学的理念，这便决定了大学的水准。失去理想的大学没有任何价值。然而，"机构"必然意味着妥协。理念永远不能完全实现。因此，一边是理念，一边是现实中社团身份与机构中的缺陷，两边总是处于一种张力之中。

机构在践行大学理念方面的不足

　　哪怕是最优秀的大学机构也容易退化和扭曲。因此，将思想转化为可以教授的条框这一过程本身，就容易损害思想的精神活力。只要思想成就被纳入了学界共识，往往便会染上一种万古不易的味道。因此，学科分野只是一个惯例问题。不仅如此，一位卓越的学者可能在现有科系框架内找不到自己的位置。人们可能觉得他比不上一位平庸的学者，只因为后者的成果能够纳入传统体系。

任何机构都倾向将自己视为一种目的。尽管机构化架构对科研的推进和传承是不可或缺的，但要想确保机构真正服务于大学的理想，那唯有不断反思一途。因为行政机构热衷于自我延续是出了名的。

表面上看，既然自行选择新成员是大学根深蒂固的自由权利，那么中选的应该是最优秀的人。但在现实中，这一机构往往会青睐第二优秀的人。不仅是大学，所有社团无意之间都有一种保持团结的倾向，同时反对超群之才与庸碌之辈，背后的推动力有反智主义，也有对竞争和嫉妒的恐惧。大学会出于对竞争的恐惧而本能地排除超群之才，也会出于对学校声誉和影响力的考虑而排除庸碌之辈。中选者是二流的"合格人员"，他们的思想水准与大学原有成员处于同一层次上。这也是教授补缺人选不能完全交给相关院系，而必须要由第三方负责的一个原因。J. 格林（J. Grimm）有言："国家绝不能任由监督教职任命的权力从手中溜走：放任各科系自行任命本系教职的做法大大有违常识。哪怕是怀着最真诚动机的人，他也难免要受到害怕竞争之心的影响。"

大学从年青一代中任命教职的决定是极其重要的。校方肯定是没有门路知道哪些人做出了学术成绩。门路是由资深教授——德国要求是讲座教授（ordinarius）——提供的，他必须在全系面前对入职者表示支持。在职位任命问题上，教授即使没有将人选完全限定在自己的学生之内，至少也会偏向弟子。学生的长处是跟着一位教授干了好多年，于是他就自以为教职是自己应得的权利——这项权利主张是不公正的，但教授会出于私情予以认可。学生对那些以帮助学生找教职而闻名的教授趋之若鹜。马克斯·韦伯曾提出了异地求职原则，要求所有博士毕业生必须向另一所大学的另一位资深教授求职，从而遏制上述的不端行为。然而，当他在自己的学生身上试行这条公平的原则时，他马上发现自己的一位学生申请外校教职时遭到了赤裸裸的不信任，而且人们宁愿相信是韦伯觉得这个学生能力不行，于是把他赶了出去。

当一名教授夸大自己学生的真实水平和成绩，在任命新教职时妄加偏袒时，他仍然是铸下了大错。新教职人选的确定标准应该是学术成果的质量和数量，这条原则不能有丝毫妥协。否则，大学必将衰落。当大学采取了糟糕的教职选任政策，重视单纯的用功而轻视独立思考，而且用公务员那套年资升迁的办法，取代了每个人按照各自成就争取业内认可这样有风险的机构时，大学就会衰落。尽管许多教师偏爱埋头苦干、循规蹈矩、不会带来激烈竞争的那一类人，但每一位教授都应该奉行一条原则：只有当他预期一个学生至少能达到与自己相当的水准时，他才能允许这个学生加入院系。他应该时时留心寻找和提携有可能超越自己、远远把自己甩在后面的人，哪怕不是自己的学生。

机构很容易变成渴望权力的学者手中的工具，他们会利用自己的声望、社会关系和朋友来提携某些人，这或多或少会有一些残酷。自黑格尔的时候起，学派首领发挥的权威便一直遭人诟病。

理想状态下，自由交流应该盛行于大学之中，但现实中往往沦落为对立者之间的争吵。嫉妒心会带来不公正的有害批评。甚至在19世纪文化鼎盛的时代，这种谩骂亦不少见。歌德在比较大学与独立研究时认识到了这一弊病，"这里与任何地方一样，学问都在或平静或迅猛地发展着，但专业学者其实根本不关心学问，而只关心金钱和个人权势"；还有，"尽管如果人人都给自己和别人一条生路，那么他们全都可以过

第六章 大学作为一种机构

上非常舒服的生活，但是众所周知，他们还是会为了鸡毛蒜皮的事情彼此痛恨倾轧，因为任何人都不想宽容任何人"。通情达理的大学教授有一条准则：永远不要认可纯粹的负面批评，也不要搭理衍生出来的阴谋，当它不存在就好，或者至少要缓和负面批评的影响，以便让建设性的合作能够继续造福大学整体。

在理想状态下，大学的每一名成员都应该享有教学和科研上的无限自由。矛盾的是，这种自由不仅有利于无限制的、让所有人都可以受到彻底质疑的交流，也催生了让专家局限于自己的领域中，碰也碰不得，不鼓励他出去交流，反而将他孤立起来的倾向。每个人都给其他所有人留出了巨大的自由，好让自己也享有同样的自由，同时免得受别人打扰。有人将大学教师的行为与贝拿勒斯（Benares）圣林棕榈树上猴子的行为做了一番比较：每棵棕榈树上有一只猴子，每只猴子的样子都很平静，只关心自己的事。但是，每当一只猴子试图爬上另一只猴子的棕榈树时，它就会迎来椰子的痛击。同理，大学里不同圈子的相互尊重往往是这样一种事态：人人都可以沉浸在自己的喜好倾向或异想天开中。结果就是大学不再以公共事项为中心了。公共事项只是被圆滑地留给了正式场合。于是出现了一种可能的情况，即每个人都认可其他任何人提出的教职候选人,原因只是让自己也能享有同样的自由。人们避免进行根本层面的批评。交流本应是追求清晰与实质内容的思想交锋,结果变成了只是出于礼貌的纯粹面子关系。这种局面诚然有一定合理性:我们必须确保学者个体在学术创造力方面的自由,以至于要容忍那些在部分同时代人眼中显得怪诞或放肆的思想。尽管文理学者的研究工作必然伴随着讨论和批评,但不管这个人是教授,是讲师,甚至只是学生,"官方"为了控制一个人的研究教学而出面批评的做法都是不可容忍的。在一切私人领域以外,涉及院系或全校整体利益的事务上,共同讨论就是一项义务,尤其是新教职任命。在私人领域,自发形成的非正式讨论,符合大学理念的真正交流具有不可替代的作用。这种讨论体现了不徇私情的真正理性精神。可学术自由往往会抹杀这种属于真正交流的终极自由,这实在是一件可悲的悖论。

机构的必要性

机构虽有上述以及其他缺陷,但某种形式的机构化之必要性并未因此消除。如果没有机构,学者个体的生活与工作

第六章　大学作为一种机构

皆有荒废的危险。生活与工作应当成为一种由机构保障的传统的一部分，以便福泽后世。科学成就仰赖于很少有个人能具备的物资材料，那便更是如此。此外，科学成就还仰赖于一种只有在长期存在的机构下才可能开展的协作。

我们之所以珍惜作为机构的大学，之所以热爱大学（前提是它体现了大学的理想），原因正在于此。尽管大学有种种缺点，它仍然是大学理想的核心。它确保了学者共同体的存在。成为大学机构的一分子会带来特殊的满足感，哪怕仅仅是荣誉感。不被大学接纳或被大学开除则会让人伤心。

学生和教授不应该将大学仅仅当成一种偶然产生的社会机构，也不应该仅仅视之为一种学校，一条生产所需学位的流水线。他们应该体认源于古希腊与德意志传统的大学理念，它是一种西方的超国家理念。这种理念看不见，摸不着，听不见。它在学院的灰烬中熠熠生辉，不时从某些个人或团体中兴起。践行大学的理想未必需要加入一所大学。但是，大学理念被吸引到了大学机构之中，如果没有后者，前者便会有残缺、孤立、贫乏之感。按照大学之理念生活，意味着成为一个更大的整体的一部分。

然而，我们不能因此得出一个傲慢的假定：大学是思想生活唯一和真正的场所。我们这些在大学中生活，热爱大学的人不能忘记大学的特殊性和局限性。有许多创见萌生于大学之外，起初遭到大学排斥，后来又被大学接纳，如此往复，直到最后成为大学自己的东西。

文艺复兴时期的人文主义生发于奉行经院主义的大学，而且反对大学。等到大学变得人文主义化，突出语文学的时候，17世纪迎来了哲学与自然科学的复兴，其源头又在大学之外，代表人物有笛卡尔（Descartes）、斯宾诺莎（Spinoza）、莱布尼茨（Leibniz）、帕斯卡（Pascal）和开普勒（Kepler）等人。当克里斯蒂安·沃尔夫（Christian Wolff）及其门徒的哲学思想遍布大学之际，一种由温克尔曼（Winkelmann）、莱辛（Lessing）和歌德领导的新人文主义运动再次兴起于大学之外。不过，由于F. A. 沃尔夫（F. A. Wolf）等语文学大家的影响，新人文主义很快便征服了大学。一些规模较小的运动也常常在大学以外产生，长期被大学忽视。例子有马克思主义社会学、早已被承认为一个学科的催眠学、刚刚开始引起大学注意的笔迹学、克尔凯郭尔和尼采发展出来的内省心理学。正如J. 格林所写："我们的大学是一个书本知识丰富且越来越丰富的地方。但是，大学往往会忽视一切激进的成果，除非它们在别处证明了自己的价值。大学就像花园，对野草

第六章 大学作为一种机构

只是不情不愿地容忍而已。"[1]

尽管如此,只要一个新的学术方向发展成型,那么大学迟早都会将它据为己有,通过新的发展和应用来推动它的发展,并将它保存在大学的可教材料中。然而,要想教授一个主题,大学必须进行相关的独立研究。这种事情在大学中一次又一次发生。不过,大学也有几次开创新思路的著名实例。首当其冲的便是康德哲学及之后的德国理念论哲学。此外,纵观整个19世纪,历史学和自然科学的几乎所有新发现都源自大学。

个人在大学机构框架中的作用

大学机构框架提出的终极问题是:人在其中处于怎样的位置?大学的活力取决于人,而非机构,机构不过是有形的前提条件罢了。大学的评判标准是它吸引最优秀的人才,并为其提供最优越的研究、交流和教学条件的能力。

---

[1] 《格林选集》(*Kleine Schriften*)[柏林,F. 杜姆勒 (F. Dümmler), 1864年], I. 242。——原注

研究学者的活泼个性与机构框架之间必然会存在张力。在大学理念保有生命力的地方，这种张力会带来创造性的变动。平稳时代与激变时代交替轮转。

任何不经调和的理念都无法实现。制度、法律、惯例都蕴含着阻碍自身的因素。一旦理念消散，余下的便只有毫无意义的常规运行。关键要素是无法由机构命令来强行引入的。当一个机构试图用人为手段重现出某种只能有机生长出来的事物时，这种做法永远是危险的。真正重要的贡献只能由那些数年、数十年如一日献身真理的人来做出。

行政人员的评判标准是：看他们重视人多一些，还是重视机构多一些。将生命力注入机构是需要人来实现的。保存和维持某些古老机构的做法反映了深刻的智慧。然而，即便是这种智慧，很大程度上也取决于机构现有人员的素质。因此，个性与机构是独立的。它们处于两极，永远会有张力。

机构是专门设立的机关，其目的是改善业务往来的安全性与可靠性。机构确立了规章，除非专门变更，否则规章一直具有无可置疑的效力。遵守制度规章是学术工作开展的条件之一，由此为其提供了基础和秩序。制度规章应当以提供基础条件为限，而且即使在这个层面上也应当尽可能顺合情理，调动规章的积极性，直到守规矩成为人们的第二天性。

第六章　大学作为一种机构

事实上，遵守规章会增进个人的自由。

所有机构中都有等级与权力的区分，这种区分是高于表面上的个人才能差异的。没有领导的理性组织是不可想象的。最早的大学就是一群学生松散地聚集在一名老师身边。如今则有系主任按照制度管理本系事务和辅助工作人员。只有当院系负责人同时也是最卓越的学者时，这种情况才是可以忍受的，甚至是值得欲求的。这在常设机构中只能看运气了。庸人掌权的状况则是不可忍受的，这种人欠缺才智又自惭形秽，于是用满足自身权力欲的方式来加以弥补。系主任的职位适合由富有领导力与干才之人担任。他们明白自身的局限性，会尽可能向下属放权，希望下属能做得比自己更好。

任何一个机构本身都不能令人满意。制度规章的烦琐细化会让机构腐化。简单正是最难做到的事。思虑不周的简化会过犹不及。

"简单"的解决方案——比如分离研究所与教学机构，基础学科与应用学科，通识教育与专门培训，尖子班与普通班——不会解决复杂的关系，而会将其摧毁。只有当教学与科研不只是单纯并立，而是携手并进时，真正的思想生活才会出现。这是一个只有整全的人才能努力实现的理想。

人与机构的对立引发了两种相反的错误。一种是个人崇拜，突出原创性乃至离奇怪异。另一种是强调压迫性的空洞组织。两个极端都是不可理喻的，一个是为了创新而创新，一个是为了传统而传统。大学的态度不好表述：它的目标是避免陷入两个极端。大学容忍个人的怪癖，愿意接纳新人，并为最极端的各方提供了一个交汇场所。哪怕没有个人崇拜，个人依然是重要的，因为理念只有通过个人的努力才能实现。大学中的人里面有一种认同等级与成绩的意识，对长者也怀有敬意。每一个学者都想要受到同事们的欢迎，他的地位是同事们推选得来的，而不是硬塞给大家的。

第七章　知识界

大学的存在本身就代表着一切知识的整体性与统一性，唯有如此，我们才对世界有了更宏观的认识。

究其本原，各门科学都是从实践经验，从医术，从勘探活动，从建筑工人与画家的作坊，从导引航行中发展出来的。科学的统一性是一种哲学理念。哲学统一理想的落实形式是寻找单一有机的知识集合体。于是，科学的所有分支都开始协力奔向同一个目标。

实习指导从远古时代就有了，它关注的不是知识整体，也不是纯粹的知识，而只关心特定职业所需的特定技艺。与此相反，科学教育以大学之理念为依循，意在点亮统一性的观念之光，将我们引向一切知识的基础。它培育的是一种特殊的技艺，目的是发掘将单个学科与独一的科学整体联系起来的根源，从而显明单个学科的深层内涵与完整领域。

大学永远必须满足现实职业的需要。在这个方面，大学类似于古代的技工学校。不过，大学满足现实需要的方式是界定现实职业在知识整体内部的位置，从而增添了全新的元素。

因此，从一个角度看，大学好像是一所所彼此独立的职业培训学校组成的集合体，又像是一座商品琳琅满目，能满足所有人口味的知识百货大楼。但从另一个角度看，这又显然只是一种表象，因为如果真是这样的话，大学肯定会直接解体。大学的存在本身就代表着一切知识的整体性与统一性，唯有如此，我们才对世界有了更宏观的认识。

然而，知识的整体性为我们提出了一项任务，那就是将所有知识分门别类。科系划分看似与知识分类是一回事，其实不然。尽管两者永远不可能重合，但必然是有关联的。

要想初步总览现有的各个学科，你只需要看看任何一所大型大学的院系列表就够了。我们会发现大学分成学部，学部分成学院，学院又分成科系，种类繁多，近乎无穷。显然，院系列表并不是整体规划的结果，而是源于缓慢的历史演进。

知识分类

知识自成一个世界的观念发源于哲学，而非实际应用，所以这种观念的生命力与哲学意识在大学整体中的传播密切相关。

第七章 知识界

从一开始，知识统一体的观念就带来了划分各个知识领域的不同体系。分类法有许多种，但没有一种可以自称绝对真理和绝对成立。明确的分类总是反映了某个人骄傲的信念，他确信自己已经获知了万事万物的整体绝对真理。

随着言之凿凿的"绝对"真理一个接着一个出现，人们已经愈发明白一切分类体系都必然是相对的。我们的认知能力已经得到了解放。知识的教育力量不再等同于一套固定不变的世界观和本体论，取而代之的是这样一种意识，即我们具有无限学习新知识的能力。

如果有谁自诩掌握了终极正确的学科分类法，那就是伪称在一些固定的绝对参照点帮助下，我们可以定义和定位某一个知识领域。反过来看，要将某一个领域与知识整体联系起来，那便要向更深处探究，在那里，这个领域表现为知识整体的缩微复制品。几乎所有重要事实都与知识整体有一定的联系，因为每一个事实或者被背景照亮，或者将背景照亮。

知识往往是根据对立面来划分的，于是有如下分类：

（1）理论学科与实践学科。理论学科把一个主题当作目的本身来研究，实践学科则是把主题当作追求现实目的的手段来研究。

（2）经验科学与纯粹理性科学。经验科学研究时空中的现实对象。纯粹理性科学研究独立推导产生后即可加以认识的概念。数学在诸学科中具有独一无二的特性，因为它只研究理想对象。

（3）自然科学与文化科学。经验科学的对象有两种认识的方式。我们可以从外在去把握，如物质；也可以从内在去理解，如人心。自然科学是从外在借助因果律或数学建构来解释事物；文化科学，或者说人文学科则是从内在通过确定目的和意义来理解事物。

（4）研究一般法则的科学与历史学。前者寻求普遍性，后者寻求特殊性和独一无二的历史现象。

（5）基础学科与辅助学科。基础学科是以知识整体为参照来追求学问，所以成了整体的代表，从而具有了普遍性。辅助学科则是为了特定的现实目的而收集材料或整理知识。

在上述每一对概念中，科学思想中彼此对立的原则都起到互补的作用。我们只能将其短暂地分离开来，因为在孤立状态下，双方都会变得无力。在现实中，对立面的双方总是同时发挥作用的，因此我们没有办法做明确和永久的切分。

具体学科只有一个共通点，那就是它们各尽所能，努力去接近的共同对象。就像几粒石子投入池中，激起逐渐扩大又相互交叉的涟漪一样，具体学科不能塞进某一个固定的分类方案之中。但接下来,我们显然可以通过石子的相对性质与位置来给逐渐扩大的涟漪分类。于是,各个学科可以按照其固有的次序来分级,每一级都依赖于它下面的一级:物理学、化学、心理学、社会学。这是追求普遍性的一个学科序列。另一个序列是:宇宙史、世界史、生命史、人类史、欧洲史。此序列中的学科研究独一无二的个别事物。任何一种分类体系都依赖于一种对立关系,从而不可能无所不包。更进一步的研究会表明,这些分类方案只能带给我们关于个别学科的启发而已,而且是不完美的启发;真正的分类是不可达到的。在最好的情况下,一种分类方案也只对某些具体现实研究领域有实际意义而已。

通常情况下,任何一种方案的统一性都是由它青睐的那一门具体学科带来的。几乎每一门科学都曾在某个时期自封为无所不包、绝对独一的真理,这一事实并非空穴来风。原因是,几乎每一门真正的科学都是一个浑然的整体。只有当我们任由一门学科的整体性去抹杀其他学科同样独立的整体性时,错误才会发生。片面强调一门学科有害于科学整体。

涵盖全部知识的统一体是一个理想。每一种分类法,都是从特定角度出发,在特定思想和历史条件下将这一理想转化为现实的暂时性尝试。就此而论,所有分类方案都是虚假的。

学术院部

　　大学的学科架构并没有一条总领原则。与劳动分工一样，学科划分也不是某一个通晓全局的人规划出来的。恰恰相反，历史上出现了多场各自独立追寻知识整体性的思想运动。具体学科一直是这样独立的整体。学科之间并非壁橱抽屉那样的并列关系，而是彼此重叠，互相关联但未必混同。在知识构成一个无比广博的整体的观念指导下，学科之间有交流而不会彼此融合。大学的本质是和而不同，大学生活丰富多元而又受到整全理想的激发，众多学科彼此合作而又相互独立。

　　院部划分起源于中世纪，沿用至今。上三部是神学学部、法学学部和医学学部。后来加入了第四个学部，或者叫下部——人文学部，相当于今天的哲学学部。（随着研究意义的变化，这些院系的意义也有变化。在过去 150 年间，院系数目有时会增加，然后又缩减到原本的数目。）现在通常有五个学部，因为以前的哲学学部已经拆分为二，一个是数学学部与自然科学学部，一个是人文学部。

　　上述学部自称诚实反映了科学世界。它们代表着人类知识的总体。它们源于学术工作的实际需要，而非学科划分的理论方案。我们的环境、知识和研究活动经历了数个世纪的飞速变迁，而学部至今依然保持着生命力，这便证明了学部原初观念的真确。神学、法学和医学涵盖了永恒的探究领域：宗教启示、公私成文法、人的自然本性。研究这些内容的用意是培养牧师、法官、官员和医生走上职业道路。他们至少都需要逻辑学和哲学作为共同的基础。

神学、法学和医学追求的目的本身——灵魂的永恒得救、作为社会成员的人的整体福祉、身体健康——并不科学。但矛盾的是，这三门学科都起源于科学领域之外。它们的假定本身尽管不具有科学性，却赋予了科学以实体、意义和目标。神学关注三种形式的启示：通过经文的历史，通过教会，通过教义，并用当代的信仰加以验证。法学的职责是成文法的理性化和标准化，而成文法是由国家权力制定和认可的。医学的职责是保持、培养和恢复人体健康，其基础是关于人类自然本性的广泛知识。

这些科学学科都是基于非科学的前提，都必须努力阐明这些前提。因为如果没有这些前提，科学便会失去一切意义，正如下面要讲的典型现象中表现的那样。

神学涉及超越理性的领域，但采用的手段是理性。神学也可以放弃用理性手段来阐发启示的意义，于是发展出一种崇尚"荒谬"的激情。于是，自相矛盾被认为确证了断言的真实性；理性被奴役确证了信仰的真实性；随意服从权威被当成了真正的生命之路，尽管在现实中，权威只是以判决和话语的形式存在于世间。野蛮、狂热、宗教审判、毫无爱心，它们构成了这股神学怒潮。

反过来，人们也可能丢掉信仰的根基——启示。于是，信仰被等同于理性的教义，是完全从理性推导出来的。但是，信仰本身也随着作为信仰的历史根基的启示而一同失落了。信仰被归约为不受限制的理性思考，以丧失信念告终。

法学的根基是实在法秩序的现实性。法学会赋予成文法秩序以意义、连贯性和一致性。自然法尽管绝非万古不易的准绳，却提供了对错的指导观念。如果少了这个基础，法学就会坠入肆意妄断的深渊中。成文法的效力只是因为国家权力的支持。自相矛盾和不合正义都不是有力的抗辩理由。非法是由法律认定的，思想本身在强权法则面前也要低头。

反过来，只关注自然法而丝毫不参照现实成文法的法学也是无意义的。

医学的基本前提是改善全人类的生活与健康状况的意志。这一理想不接受任何限定。第一点，也最重要的一点是，帮助和治愈他人的愿望所关切的是个体。只有在有利于个体，且不会有个体受到身体伤害的情况下，医学才会关注人群。

第七章　知识界

然而，医学对健康的关切，与身体健康这个概念本身一样含混。医学的使命涉及了彼此冲突的倾向。在个人不可剥夺的身体健康权利被取消的情况下，在身体健康的意义成为一种虽然便利却过于简单的陈词滥调的情况下，医学都会失去意义。

只要某个特殊的种族或生理类型被抬高到人类整体之上，那便会出现打着为了特定人群整体利益的旗号，侵害个体生命和健康的动机。于是，被认为有较高概率传递负面遗传特征的人遭到强制绝育，还有精神病患者在安乐死的名义下被杀害。

在所谓的上三部中，理性、自然法（正义）、生命健康的观念是研究活动不可或缺的准绳，否则便会失去一切意义。然而，启示、实在法、人性中依然潜藏着阴暗的力量，我们可以不断阐明，但永远无法彻底理解，正是这些力量赋予了研究以实体和生命。

哲学学部享有特殊的地位。哲学学部原本不是为了培养一个具体专业，而是为了给上三部（神学、法学、医学）打基础。如今，哲学学部的职能已经从预备学科变成了根基学科。哲学学部接纳了其他所有的知识分支。其他三个学部的实质思想，来自与哲学学部（人文学部与科学学部）下属的基础学科的交流。因此,仅从研究和理论的角度看,哲学学部本身就构成了整座大学。任何一种知识分类体系,只要它涵盖了哲学学部下的所有学科,那它就是完整的。

在19世纪,哲学学部逐渐失去了独特性与统一性。它先分成了数学学部与自然科学学部和人文学部,后来又从人文学部中分出了社会科学学部。人们开始认为各个学部是并立的,而非构成了一个庞大的整体。如此一来,大学自成一体的观念就失落了。大学变成了一个集合体,一家学术百货商店。

这一分裂有多个动因:旧哲学学部的教授数量比其他三个学部加起来还多;自然科学与人文学科之间的裂痕带来了各学科之间的相互疏远、缺乏理解和互相鄙夷;还有培养教育、化学、物理学、地质学、农学等不同专业人才的需要。

大学的再度统一源于所有学科构成了同一个宇宙的意识,绝非单纯意味着回归中世纪那种统一状态。现代知识与研究的全体内容必然会统合起来:大学范围的拓宽必将带来所有知识分支的真正统一。

第七章 知识界

大学的扩张

现代大学不断设置新的研究所和教学机构，以满足不断变化的社会需求。于是，专门的技术培训或全新的专业课程方案都需要特殊的教学方式。大学的持续扩张势不可当。这个过程是有意义的，因为一切人类活动都涉及知识。每当一种知识需求产生，大学就有责任率先开拓新领域并开展教学。

这样产生的净效果常常是把全无关联的领域毫无意义地凑在一起。天文学和企业管理、哲学与酒店管理同样摆上了这家学术"百货商店"的货架。

无视这些新来者不过是无益的势利行为。大学的理念要求大学对新思想保持开放。世上没有一件事是不值得了解的，也没有一门技艺不涉及知识。大学只有将各种新的探究路线统合起来，才算是公正对待了它们。大学的使命就是改造并吸收新的素材和技能，并借助若干指导思想将其整合起来，以此维护科学精神。

通过增加学科数目来拓宽大学课程范围的途径有两种。一方面，科学在自然演进中本来就会分化。这个过程中的每个阶段仍然是一个有机的整体，可类比于生命繁衍。精神病学和眼科就是这样从医学内部独立出来的，因为它们产生出

121

了具有普遍意义的研究主题与科研人员。反过来看，法医学就算不上一个独立领域，而是一个专业技能与"实践经验"的集合体。同理，牙科和耳鼻喉科的地位模棱两可，因为它们研究的器官缺乏普遍意义。这些领域缺少内科、精神病学或眼科的普遍意义。公共卫生学的地位也有些可疑。尽管这一领域的杰出代表已经获得了名副其实的教授职位，但该领域本身仍然有实践和技术上的局限性；它没有一个真正具有挑战性的理念，仅凭公共卫生领域的从业者们对微生物学做出了贡献这一事实，还不足以让公共卫生学进入基础学科的行列。更详尽地回答这些问题需要做进一步的研究，以及相关领域的专业知识。我们在这里只讲原理：从科学中分化出新领域是一件好事，只要新领域能够发展成一个与普遍观念相关联的有机整体，从而保有基础学科的地位。

另一方面，如果外界的新材料和新技艺进入了科学，那么科学也会成长。新生事物应当被接纳，因为它们可以对科学界做出有价值的贡献。举例来说，之所以印度和中国研究是基础学科，而非洲和史前研究不是，原因就在于这几种文化各自的内涵。

每次扩张时，大学都一定要从两方面着手，既密切关注知识的统一性，又要将重申知识的统一性作为日常任务去履

第七章 知识界

行。不论如何变化，大学都必须坚守基础科学的意识，也要坚守两种高下之分，一种是基础学科高于辅助学科，另一种是在科研中开展教学高于单纯的教授事实和技术知识。

在现代世界，大学扩张是一个存亡攸关的问题。新观念必须得到承认，并成为大学整体的一部分。大学是否配得上新世界，大学能否接纳并服务于新世界，大学精神能否融入新的知识与新的能力（严格来说，如果没有大学精神，这些新事物就是没有意义的），让我们拭目以待。

传统的上三部，即神学、法学和医学关切的领域是千百年来不曾变化的人的存在。然而，它们并没有涵盖现代人生存状况的全部。我们只需要看一看大学之外建立起的各种高等教育机构，如理工学院、农学院、兽医学院、师范学院、矿业学院等，便会明白这一点。上述院校的存在本身，难道不就证明大学在一些重要的方面已经失败了吗？这些独立学院的成立难道没有违背大学的理念吗？

有一点事实很重要：这些院校往往会效仿大学的部分工作，而且有扩张为大学的天然趋势，例如，我们会发现理工学院设置了各种人文课程，一直包括哲学在内。然而，即便人文学部有一流学者坐镇，教育成果往往也不过是空洞的照本宣科，缺少只有创造性学术研究才能带来的活力与力量。

于是，这些学者常常有流亡者的感觉。各种专科院校的增多会不会与现代生活的空洞化有某种关联呢？有没有一种办法可以让我们摆脱肤浅的专业化、缺乏目标的总体氛围和专科院校林立的困境，回归到某种新的统一性中呢？任何存在的可能性，都取决于大学能够在多大程度上接纳人类生活中广阔的新领域。三大传统知识分支医学、法学和神学在中世纪是够用的，现在就不行了。然而，单纯增设院系不能实现进步。我们不能每当一个新领域异军突起，便增设一个新学院就算了事。即便是高度专业化的院系也必然与人类生活中某个真正重要的部分相关联。

这个想法并不新鲜。例如，海德堡地方政府于1803年在海德堡增设"政治经济学院"，暂时归属哲学学部。政治经济学院的范围包括林业、城乡经济、采矿勘探、土木工程、建筑学、矿物分析、警务组织，总之是"一切有关公共管理之知识、维持、发展与妥善维护诸事项"。最后，这些技艺与科学余下的部分演变成了所谓的经济学。显然，政治经济学院并没有包含人类生活中某个真正自成一体的部分。对公共管理的援引只是一个用来概括众多无关事项的实用大全，却不能给出一个统合性的理想。

然而，一项日后的重要发展正植根于此，大众在19世纪

第七章 知识界

才渐渐意识到。那就是技术。技术是唯一真正的新领域，这一点愈发明朗。尽管技术有着悠久的历史，已经发展了上千年，但直到18世纪末为止，技术还一直是手工业的一部分。因此，它基本上没有多少变化，而且是人在自然环境中的日常生活的一部分。接着，在过去150年里，技术撕开了一道深刻的裂缝，比过去数千年里世界史上的任何大事件都要深，也许不亚于工具和火的发明。技术成了一位独立的巨人，它成长迈进，对地球展开了整齐有序、利润丰厚的开发。人类被技术的魔咒迷住，似乎不再能掌控源于自己的造物了。因为技术已经接手了塑造人类自然环境的工作，甚至在改变自然与技术世界的过程中也接手了改造人类生活的任务。所以，技术在客观性上要求我们给予它与神学、法学和医学同样基本的关注。但是，我们原本并没有充分认识到这一点，直到灾难性的变化与近年来的历史事件不得不引起我们的注意。

在上三部（神学、法学、医学）之外创设第四学部，借此扩张大学领域的做法提出了一项实实在在的挑战。技术代表着人类生活中的一个方兴未艾的全新领域。尽管我们还不清楚技术对人类存在的终极影响是什么，但技术正在以一种既有规划又不无混乱的方式发展着。

我们身边环境的剧烈变化是有目共睹的。公寓楼和公共建筑，道路建设与交通管理，运输与通信，厨房装修，桌子与床，水电气供应，这一切都反映了现代与古代环境的差异。它们的共同点不只是功利主义，也不只是自然科学的能动性，还有人类改造自然环境的新观念。

尽管如此，这种全新的人生观，以及用来维持这一观念的庞大机器目前还没有固定下来，形成一套受控的长久模式。宏大的技术变革不知疲倦地迈进着，让我们在狂喜与困惑，最神奇的力量与最根本的无助之间摇摆。

一切似乎都要汇入技术组织的洪流。出于我们还没有完全理解的历史原因，这道洪流发源于150年前，至今依然在稳步扩大，有吞没万物之势。今天，我们感到这一宏大的现象必然有着形而上学的起源，所有人都必须接受它的目标，哪怕有绝种的危险。似乎有某个东西注定要醒来，尽管目前还处于半沉睡的状态。迄今为止，它仍然静静地隐藏在无数精妙的科技设备背后，只有歌德和布克哈特（Burckhardt）等少数人稍有所感，对它的反应中既有恐惧，又有厌恶。

最符合思想生活与技术双方利益的做法，或许是让大学成为双方互相交流的场所。或许那样一来，技术及其引发的困惑便会融入意义与目标。或许那样一来，开放互信、与时俱进的气质就会从大学的理念中生发出来，证明理念自身的

第七章　知识界

价值。于是，大学本质上要自我变革。

只有复兴传统的大学观念，学者们才会感受到自身使命的宏大，创设技术学部才会有利于大学整体。但是，大学必须整体参与到这场转向中来，如此才有机会推动全面的新生。大学的重大使命，是从知识和实用技艺整体的角度来创造出一种真正全面的时代意识，而设立技术学部只是这项工作的一个方面。

除了增设技术院系，其他变革也是至关重要的。首先，必须恢复过去统一的哲学学部，必须取消自然科学学部与人文学部的割裂。只有恢复统一的局面才能赋予基础理论学科以足够的力量，与范围和影响力都有所扩大的实用学科相抗衡。此举可以减轻一种危险：由于大学内部长期彼此隔绝的状况，自然科学会慢慢被推向技术和医学学部的阵营，其余学部则陷于孤芳自赏，死气沉沉，徒然缅怀旧日辉煌的境地。

此外，大学还必须重新将等级观念引入各个学科，区分基础学科与辅助学科。

技术学部是大学里的新事物。它必然不只是一个新院系而已。它必然会带给大学全新的任务。大学必须面对现代人的大问题：技术让新的生活方式成为可能，那么，从技术中如何才能生发出新生活方式的形而上学基础呢？一旦学者和科学家着手履行这一使命，开展长期而密切的学术合作，那我们实在是不可能预料到底哪些学科能够最有力地推进这项事业。

技术是一门独立的学科。与其他任何领域一样，一旦它忽视了自身的前提，就容易犯某些具体的严重错误。于是，神学已经表现出了从启示的奥秘出发，有意识地滑向荒诞不经与猎巫行动的倾向；法学容易从关切成文法出发，滑向用法律手段去合理化非法的肆虐暴行；医学容易从治病救人的根本责任出发，滑向安乐死和谋杀精神病患者。同理，技术可能会践行自己的理想，也可能不会。我们都听到过这样一些故事，讲发明家晚年意识到自己的发现曾无意和间接地造成了恶果，于是恐慌不已。我们也听过有人讲述某种技术成果的空洞性、技术目标的随意性、技术能力本身的无意义性。然而，一切技术活动的根基是一种合理而深切的意志，那就是更充分地发展人的现世生存。

如果只是作为哲学学部的附庸，那么技术学部的用处就不会比医学学部更大。它有自己独立的存在领域和现实任务。尽管如此，与医学学部一样，它在内在性质与教学活动两方面的根基都是属于哲学学部的基础学科。

我提议的改革会有如下直接后果：随着理工学院并入大

第七章 知识界

学，大学就无须赘设物理系、化学系和数学系了。思想史、艺术史、经济学和政治学也会加入哲学学部。技术方面的需求会给哲学学部整体带来新鲜活力。这样一来，基础学科会更有意识地关注理论研究的共同视野，教学也会导向医学、技术和教学的共通性问题上来。很难说学者个体上会有怎样的体现。教学中大概会强调科学与数学观念的历史发展过程，从而将哲学学部的统一性理念引入个别学科中。

总而言之，合并对大学和理工学院都有好处。大学会更加丰富，更加包容，更加现代。大学研究的根本性问题会注入新的生命。反过来看，随着技术的意义成为一个要严肃探讨的问题，技术界也会更具思想性。它的自我肯定与局限性，它的过分乐观与惨痛失望，都会被置于一个更深刻的语境之中。

不过，极其重要的一点是，我们要认识到作为一种现代现象的技术界是有独立性和普遍性的，而又不能得出其他许多院系同样如此的空洞结论。我们绝不能认为农学、林学、企业管理等学科与技术学部平起平坐。它们只是单纯的专门领域，缺少真正普遍性的研究主题。尽管如此，大学也一定不能把它们排除在外。凡是可教的知识，大学都有教的自由，只要大学在研究主题与上述辅助主题之间做出明确的划分。

研究类学科是凭借自身内容和成就水平而有资格成为大学的一部分。另一类学科没有资格成为大学的一部分，而只是附属于大学，至少眼下是这样。这些学科的师生在大学的氛围和框架下开展工作，但严格来说不属于大学。

大学学部的成员不同于附属学科（如农学、企业管理等）的教师，因为前者的评判标准不仅是教学水平，还有自主研究能力。学部成员的研究活动不同于技术助手，因为前者关注的是根本问题及其意义，后者则局限于收集信息、辅助工作和一些界定明确的预备性目标。

越来越多的岗位要求受过高等教育。我们有两种选择，要么出于不合时宜、不切实际的等级观念而无视这一需求，要么采取行动满足这一需求。如果我们选择第二条道路（必须小心和逐步地前进，只有这样才是合理的做法），那就会产生一个难题：大学是否真的有必要长期培养单独的"服务"技能。我们必须做出判断：专业脑力技术只是一种二阶的体力劳动，只是高效的流程操作，而缺乏相应的整体视角，它是否真能增进我们的共同利益？如果它长远看是有害的，甚至最起码从眼前看是有害的，那么我们是否必须学着去忍受它？大学是不是体现了所有人的抱负，所以最终理应来者不拒，将人类的每一门知识和技术提升到新的高度？还是说，

第七章 知识界

大学含有一种隐微的成分，永远只能有少数人理解？

反对学术有高低之分的人必然会提出一些要求，我们绝不能被其蒙蔽。他们的主张是不成熟的。平等的学术地位不能靠命令规定，而只能通过个人耐心的努力和成长来赢得。我们也不能被一种梦想所蒙蔽，以为人人都能实现人类最高贵的机能。仅仅假设梦境的存在并不能实现这个乌托邦式的梦。事实上，没有人知道，也没有人能够知道它能在多大程度上实现。权宜之计是大学设立不属于大学一部分的附属学院。如果它不想整体降低标准的话，大学必须保持自己的精英原则。附属学院真正并入大学不能靠命令，而只能通过允许附属学院按照自己的方式在学术上发展成熟。如果它做到了，那么并入大学就不过是对既成事实的形式认可罢了。

第三部分

大学存在的必要条件

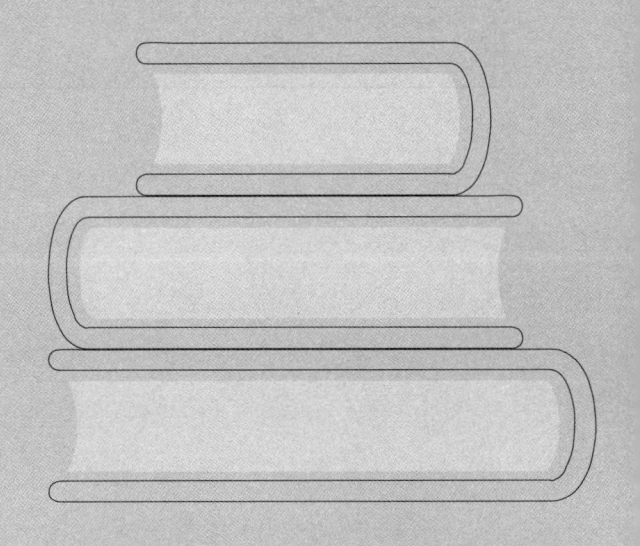

> 在考察大学的理念时，我们必须考虑若干现实状况，这些条件既是理念的先决条件，同时也是理念的限制条件。
>
> 首先是相聚在大学里的人以及他们的态度和能力。(第八章)
>
> 其次是国家与社会的力量，大学正是由国家与社会的意志和需求所维系的。(第九章)

第八章 人的因素

有些天资就是测不出来;思想生活的发展有赖于"懒散"和自由探索的能力;制度把控越严格,反智倾向就越强,这些情况都是很可能发生的。

一切大学生活都有赖于参与者的天性。一所大学的品性是由校内任职的教授决定的。每一所大学都依赖于它能吸引到哪种人。如果没有能够实现理想的人，那么再纯正的大学理想也是徒劳。然而，如果这些人是有的，那么如何寻找和吸引他们就关系到大学的生死存亡。

大学生活依赖于学生的程度不亚于教授。如果没有合适的学生，最优秀的教授也只能在学校里无助徘徊。因此，一切都取决于被认为有学习能力的年轻人。他们必须尽自己最大的能力，证明自己配得上这项殊荣。大学录取必须遵循一定的选拔流程。预科教育必须定为一项录取要求，否则学生进了大学也学不到东西。不仅如此，申请者必须是可造之材，也就是说，他必须具备可以通过大学学习来培养的能力、天分和特质。

这里就有一个大学到底面向何种学生的问题：表面上面向所有人，骨子里只针对最优秀的人。大学的目标，是让成长中的一代人里最优秀的分子能够自由发展。然而，我们无法预先判定谁会成为"最优秀"的人。此外，如果有意识地培养或鼓励特定的一类人，那就难免会忽视最有能力、最认真、最深刻地奉行求真理想的学生。对这些人来说，学习和研究不只是下苦功，也不只是众多职业中的一种；对他们来说，参与创造新知识和献身真理事业的殊荣是一项至关重要的、个体性的关切。因此，"最优秀"的人不能定义为一种类型。他们代表着许多不同的个体，他们都将追求客观真理与研究成果等同于自己的生命和最深切的存在。

以思想为方向的人通常会投身于思想生活——不是为了实现别的东西、外在目的，或者世俗成功的手段，而是为了思想自身。于是，他会在自己的特定职业环境中努力实现和完善某种职业理想（比如医生、教师、法官等），他会在生活的每一个方面中贯彻实现理想所必需的人的完整性，也会在思想事业的每一个阶段中融入对事业根本意义的清醒认识。每当他从最紧迫的生活琐事中解脱出来，他都会把闲暇时间用来有条不紊地研究具有内在价值的问题。如果说他的生活本身是一种目的的话，那只是因为他的生活恰好与履行思想使命的目标相重合。他意识到了这一点，于是产生了一种深刻的人性的满足感。显然，之所以要挑选出最优秀的人，不是为了把他们当作人力原材料，投入与其自身的人性实现毫无关联的目的中去，而是为了让他们在自身思想特质的帮助下，实现作为目的本身的真正的、个体的人性。

如何从纷繁多样的人群中将这些个体挑选出来，这个问题可以归结为三个要点：（1）哪些天资是值得欲求的？（2）这些天资的分布情况如何？（3）谁来做出选择？

天资的类型

按照我们的经验，人与人既有很大差别，又有许多相似。凡是主张人人权利平等者，考虑的都是人的共同点。这种主张在确实存在共同基础与平等性的方面是成立的，比如物质生存与物质需求。而强调人与人的不同点，则是要求我们承认和尊重人与人之间质的差别。这类人中分为两种：一种人承认人有各种各样的天资差异，并且希望这些天资能得到最有效的发挥；另一种人则关注人的兴趣与动力，不同人投身于思想生活的意愿，以及为了思想生活而做出牺牲的能力是不同的。

人与人的差别确实是很大的。对任何准备好面对现实的人来说，这都是一条无可逃避的洞见。它得到了现实经验与考察结果的证实。与此同时，人本质上是一种对无限可能性开放的存在。严格来说，作为整体的个人是永远不能按照某种给定的天分或特质来分类的。一切这种尝试都只能揭示他的某些方面，而非整体。为便利起见，此处做出三项区分。

（1）天资变量：记忆力、观察和学习能力、对疲倦的反应程度、对训练的适应程度、感官能力、区分差别的能力、集中注意力的能力、敏捷力等。这些都可以通过实验检验，而且或多或少可以测定。我们可以对整个群体进行分级，从而选出最符合某些天资的人。

（2）狭义的智力比较难知晓。有人尝试了各种技术来检测发现关联的能力、适应能力和判断力。但是，测验结果还远远称不上可靠。尽管这些测验有时明显是可靠的，但也会给出一些令人大跌眼镜的表面证据，说某些原本缺乏潜力的人竟然似乎在一个特定领域表现出了可观的智力水平。如今有人强调专才，有人强调通才，模棱两可，莫衷一是。

（3）投身思想事业的心性与气质——这些因素既不能用实验来获知，也不能得出确切的实证研究结果。这是个人奉献与动机（不包括自我表现、取得成绩和超过他人的愉悦感）、献身事业、思想高贵、真诚和求知热忱意义上的智能。这些品质甚至在实际负责选拔的考官身上都很少见，考官本人常常也欠缺上面定义的思想闪光。

（4）创造力是完全无法客观检验的。它被赋予了一些人，既可以通过努力获得，也可能因为忽视而荒废。有不少天才缺乏理智与自制力，结果一事无成，浪费了天赋。只有付出相当的决心、意志力、勤奋和匠人精神，天才方得发展。有人天赋极高，最后却失去一切，思想退化。天才的火焰只要得到呵护，它便会迸发出根本性的洞见、观念与形式。它不能随意生成，无可算计，无法孕育，无法在选拔过程中刻意培养，也不能按照标准强求。创造力不同于才能与天资，它是不能继承的。从形而上学来讲，天才是一次实验，是对绝对精神的一次揣测；它是一切思想变革的源泉。天才为我们取得了洞见，并让洞见能够在日常生活中被理解，我们则凭借这些洞见来生活。我们最崇高的敬意应归于天才，哪怕是被荒废的天才。发现天才，让天才为众人所知，让众人感受到天才的力量，这是我们的责任。有一项使命是我们可以有意识去履行的，即吸收天才的著作。不管我们自己与天才差得有多远，每个人心中都有一股向往天才和根本洞见的冲动——尤其是青年人；我们之所以关注天才，是因为我们在某些方面与天才是同类。天才与其他一切资质都有着绝对的差异，后者不过是能力与勤奋罢了。然而，不存在纯粹的超

141

凡天才，只是具备超凡资质的凡人。所有人身上都有明亮的天才之火，只是有多有少而已。没有人是神。但是，多少的差别实在是太大了，所以我们会感觉自己与天才有着质的差距。人与人的决定性区别在于，一个人的生活到底是被天才的魔力所支配，还是主要受社会、职业和道德秩序的支配。

在区分天资、智力、心性与创造力的时候，我们容易产生以虚为实的谬误，以为能力是某种明确给定的东西。

第一，表现为天资形式的特质不能像简单具体事物那样去认识，因为这些特质是典型的人的因素，只有一部分能被客观的心理学技术探知。很大程度上，只有愿意面对人的超验和"统摄"（encompassing）方面的哲学家才能了解品性与天资。超出了纯粹的外在特征层面，心理学的天资测验就是无意义的。"统摄"因素根本没有客观的测量或测验标准。

第二，任何人在任何时候都并非完全符合其外在表象给人的印象。如果旧统治集团被一批之前寂寂无名、俯首听命的新人所取代，那么整个民族可能都会变了模样；同理，当新的口头和身体语言环境培育起一个人的个性中原本就有但之前不了解的某些成分时，他也可能完全变成另一个人。与一个人的全部潜力相比，人类可能性的任何一种具体实现都只是一个片断；这种实现只是一种偏向某些可能性的、具有

第八章 人的因素

高度选择性的重组。

第三，人是他自己的决断的源泉。到了某个时候，每个人都会做出关于自己的决断。"可我身不由己啊"不过是逃避自由的遁词。

尽管如此，人还是有许多种特质是无法改变只能接受的。但是，在宣布某些特质是确定不变的，或者推测某些才能来自遗传的时候，我们再小心也不为过。我并不怀疑这些特质的存在，也不怀疑它们打开或关闭了某些可能性，从而发挥巨大的作用。但是，除了常规测验流程范围内的一些特质，我们还无法准确地发现这些特质。我们给人下判断时往往失于轻佻。用科学方法研究人的特质与能力是一项严肃而崇高的事业。但归根结底，我们清楚地知道自己一无所知。正因如此，我们才必须给教育、给人对自己提出的要求留出空间。

受教育影响最大的人，是那些还没有做出关于自己的决断的人。从幼年开始的成长经历无比重要。具有决定性意义的不只是一个人能通过检测得知的固定天资，更有无法预料的可能性，一种可能性的实现总会摧毁其他可能性。一个家庭、一家机构、一个共同体的主流精神可以通过群体成员的言谈举止，通过集体的标准规范来发现。评判一个群体时只看他们的外表，而不考虑一直以来作为其日常生活一部分的教育状况，那肯定不会公正。要想更深入地了解他们真正的潜力，尽管永远不能完全了解，那就必须思考一个问题：假如换一种不同的成长环境，他们会成为怎样的人？教育的勇气完全源于相信沉睡的潜能。

尽管从来没有一个人能一劳永逸地知道自己是怎样的人，自己能做成什么事，但他必须自己尝试。人唯一的指针必须是严肃的个人决心，决心只能由自己的良知来验证，而不可委于外部言论的压力。我无法预先知道自己通过刻苦努力和坚定决心能有何等成就。事实上，费希特（Fichte）不建议反省自己的能力。能进入大学的人应当自视为未来的学者。既然每个人都必须践行隐含于既定情境中的标准，那么在大学里，一个人就必须以竭尽全力为目标，这不是一种特权，而是一项义务。总而言之，人不是一成不变的、可以被利用的物种，也不是动物。人是不断变化发展的，因为人身上充满了隐藏的可能性。

天资的分布与大众的特质

所有社会都不仅包含物质条件上的差异，最重要且不可

第八章 人的因素

避免的是，也有社会等级上的差异。理想状况下，最优秀的人同时也是领袖，于是社会等级的高低与个人才能天资的大小就是重合的。这是柏拉图的理想。除非哲学家成为政治家，或者政治家成为哲学家，否则社会就不会变好。

这一理想不可能完全实现，因为一切人性都在流动中，理想的实现最多只能持续片刻。原因有二。人们关于哪些个人价值最重要的观点是会变的。各种才能的用处会随着社会、经济和技术领域的状况而变动。不仅如此，任何一点能力差别都会迅速以正式地位的方式固定下来。因为如果没有恒久性与持续性，生活就不可能继续。地位的来源是继承还是师生传承都无关紧要。追随最早富有创造力的那一批领导者的人往往会变成模仿者，他们占有而非开创传统，失去了最初的精神。

于是，理想本身也会腐化。因此，理想的延续必然依赖于由每一代中最优秀的人充任领导岗位。这种选拔过程是社会等级差异本身提出的要求。不管是自然产生还是专门举行，选拔都是不可避免的。影响选拔的力量有很多。公平分配教育机会的目标，只能在选拔的有限领域中达到。即便是最伟大、最幸福的人也不能实现人人各得其所，获得与天资相称的教育和工作的理想。从理论上来说，人有无限的可能，尽

145

管被束缚在了有限的条件下。人之为人，就在于他承认这些条件。每个人都应当承认自己的局限性，在局限性之内实现自由。局限性是遗传和才能的问题。人生活在时间框架之中，不能同时把所有事都干了。人与人的生命一样受限。人的天赋带来了不可逾越的局限。尽管如此，人知道自己是自由的。约束也是一个背景和社会状况的问题。然而，这些约束本身打开了新的机遇。在这种情况下，有才华的人也会拒绝放弃自由最后的残迹。

每个人在追求自我实现的过程中，都要面对无处不在的强制与约束而坚守自由。当我为了尽可能选择最优秀的人接受高等教育而收集某些事实时，我就打破了一部分社会藩篱。

这种意义上的事实的一个例子，就是某个历史时期思想领袖所处的社会背景。于是，我们可以去探究杰出人物的社会出身。《德国人物通志》(General German Biography) 用两页多的篇幅简要介绍了1700年至1860年德国名人的生平[1]，其中83.2%出身上层阶级，16.8%出身下层阶级，家庭背景有劳工、农民和无产者。在下层出身的人里面，32.7%成为

---

[1] 弗里茨·马斯（Fritz Maas），《思想界领袖出身背景研究》(Über die Herkunftsbedingungen der geistigen Führer)，《社会科学文库》(Arch. f. Sozialwissenschaft)，第41卷。——原注

艺术家，27.8%成为学者，14.6%成为神职人员。其余职业所占比例很小。在这一个多世纪中，下层阶级的人数要远远多于上层阶级。维系德国文化的只是几万人，而非余下的上千万人。但是，这并不意味着上层阶级天生更有才能。我们只能得出一个结论：教育机会是取得重大成就的条件，而上层阶级享有更为优越的教育机会。反过来讲，如果假定天资在所有社会阶层中的分布是平等的，只有机会上的差别，那也是太鲁莽了。如果生理素质可以通过选择性生育来调节，那么我们完全能够预料到，不同社会阶层之间可能会因为某种长久牢固的传统而产生先天的能力差异。

本质上讲，人并不是"生下来"就完了。生在什么家庭或者阶层并非无关紧要。人的实体是天赋与历史的共同产物。书香世家的孩子与其他孩子就是有内在的不同。童年受到的轻视永远无法弥补。因此，如果一个人儿时就接触了古希腊文化的贵族精神，生命力的光芒就会伴随他的一生；他会保持优雅的气质、高尚的品位、对伟大精神的洞察力，如果不曾接触古希腊文化，他可能永远不会具有这些品质。在某种程度上，就连最伟大的思想创见也取决于个体的童年经历。尽管费希特天纵英才，但他身上还是有某种鄙俗的东西。他的天才里有着狂热狭隘的痕迹，相当于社会生活中的奴性。

我们绝不能将传统本身作为唯一的选拔标准，甚至不能是首要的标准。但是，真诚与公正要求我们承认传统在个体塑造中的价值。在当今时代，无可替代的传统财富被不假思索地挥霍了。我们会听到有人提出这样误导性的观点："过去全都是荣耀与末日。今天，我们关心的是所有人都能理解和参与的事物。"这话说得没有问题。显然，如果一个人所处的背景中缺乏传统，但又必然被引上了自我实现的道路，那我们确实不能预设他具有某种给定的传统。他必须被**引向**传统，尽管作为一名成年人，他接纳传统的方式会与儿童不一样。即便在最好的情况下，"通识教育"本身也不能传达人原发的求知渴望。长期研究、世代修习、家庭文化传统都是个人成长过程中的因素。然而，不管是学校教育，哪怕是普及教育，还是让少数幸运儿能够接连尝试各种事物的优渥物质条件，它们本身都没有决定性。最重要的是在合理前提下坚定目标和严守自律。身为文化家庭的一员并非坐拥金山，只有配上相应的责任感，它才会变成金山。优越的社会地位同样不是天然的财富。过去50年里，拜金主义、想要占有一切的狂热、以社会地位的外在价值自傲却不尊重其内在价值的现象，在上层阶级中要明显得多。曾经孕育了众多杰出人物的传统背景已然不见了：新教教堂的活动室（parish house）、

第八章　人的因素

贵族集体、精英教育。没有人为的东西能替代它们。

另一个可以与上述社会因素相提并论的"事实"是普通人，也就是人民群众的素质，尽管这种素质或许难以捉摸。所有人选都来自群众，而且如果把统治阶级当成一个整体的话，就连它也是一个人数众多的群体。群众的素质总是受到轻视，这是一条令人惊讶的历史通则。大多数人往往自认为天赋胜于常人，只有在生活不济的时候才会说自己缺乏某一个方向的本领，以此为自己开脱。

在智力问题上，大多数人都在傲慢与糟糕的借口之间摇摆。人想要自己看起来比实际水平更高。于是，他们会幼稚地试图从头再造世界，不加批判地期望整个世界变成一个公正、和谐、幸福的地方。他们不是用最严格的自律手段来督促自身的成长，也不履行自己的职责，而是逃避成长与职责，顺从所谓的"理念"，沉湎于不动脑子地提出各种莫名其妙的要求。意气相投不仅存在于某个特定的阶层之内，更本能地存在于才能平庸者中间。大众是敌视卓越的。大众明白自己的无能，他们可能会奋然举事，为了将整体拉平而抬出一位领袖，之后又会同样轻松地背叛他。普通人本能的主张是，政治平等应当延伸到智力平等与能力平等。诚然，有些人承认自己的不足并据此行事。但这恰恰显示出更伟岸的身姿。

一个有着强烈求知冲动的人，也许一开始会受到素养欠缺的妨碍，但如果他怀有真正的激情而且愿意做出牺牲，那我们就必须允许他去追随自己的感召。

选拔过程

除了专门设置的筛选程序，影响大学入学选拔的内在和间接因素是极其复杂的。

之前，据说有利于实现"适者生存"的"自由竞争"被认为是最好的选拔形式，因为这是最自然的办法。这里被忽视的一点是，任何一种竞争的主要决定因素都不是智力水平和兴趣程度，而是特定的天资。于是，当考试成为唯一的标准时，成功的要义就成了意志力和掌握考点知识的能力。因此，在那些利用空余时间准备入学考试并被顺利录取，乃至读到了博士和博士后的成年人里，亦有从来只知机械记忆之辈，他们尽管知识渊博，却从未呼吸过真正的思想空气。他们努力只是为了成功，于是将自己整个人变成了追求这个目标的工具。

另外，一个人能不能被选中，可能也间接取决于他愿不

第八章 人的因素

愿意接受一个团体的世界观，加入团体才会有地位。为了取得群体中的地位，这个人必须在内外两方面都服从。很快，他就不可能将自己与自己扮演的角色解开了。最一丝不苟地服从团体认可的框框的人，事业就会最成功。这里的决定性因素也不是真正的智力，而是特殊的天资，比如愿意被规训，愿意做出让步，愿意表现出侵略性，或者愿意表现出犹豫不决，具体要看想讨好哪一个团体。

上述两种间接选拔过程，都体现了社会奖励因素的影响，社会可能奖励，也可能不奖励智力成就。只要思想生活不会带来经济或社会层面的有形奖励，那就只有决心最坚定的人才会投身其中。但如果教育和学术会带来特权，它就会得到大众的青睐。因为大多数人都追求一切能带来超越自身实际能力的特权名望的事业，所以社会和经济上的待遇其实对思想成就并无好处，只是方便捞取外在的虚名。奖励机制偏爱那些对任何事物本身，对闲暇和沉思都没有内在兴趣的人，他们只对"努力工作"和"放肆娱乐"交替的枯燥乏味的生活感兴趣。对这种人来说，所有东西都不过是晋身之阶，是达成一个目的的手段：获取成功带来的社会和经济奖励，胃口越来越大，永无止境。

任何人意识到选拔机制不过尔尔之后，都可能变得悲观。

然而，一想到人的降生也不过是偶然，我们就有了一份责任，一定要将适合大学学习的人选拔出来和吸引过来。我们鲁莽地假定选拔必须以能力为依据，任何一个人的能力都可以且必须得到客观的测定，而且选拔必须是直接和专门开展的，而不能是间接和偶然产生的。

无论如何，真正的伟人是不可能预先通过考试选拔和发现的。"我们必须承认一个事实：尽管凡人之才是可以测量的，但非凡之才就很难测量了，天才更是不可能测量。"（格林）真正的伟人在世时都与自己的时代与环境相抵触，所以我们的制度应该为他们留出充足的弹性，容许意料之外的事情和激进革新的风险。完全制度化与死板的选拔机制将意味着针对既定目标的标准化成绩考核——很快便会引发瘫痪，思想的活力会消散殆尽。制度会成为一切事物的绝对终极裁决者。

但是，伟人是例外。他们比其他人更强烈地感受到生活的严肃性，因为他们必须时刻为了一种不符合既有模式的生存状况而奋斗，而且他们往往会因此遭到猎巫活动的迫害。作为一种出于社会因素而必不可少的近似技术，选拔仍然是一个有意义的问题。

即便如此，我们也切不可忘记，每一种选拔都是一定程度上的不公。如果我们以为可以通过理性而坚定的努力来避免不公，那是自欺欺人。在矫正对一方的不公时，我们必然会造成对另一方的新的不公。

既然选拔问题不可能得出一个终极的解决方案，我们就必须时刻心存人性有无限潜能之念。身负判断与决定人选之责者在履行职责时，不可阻碍才能卓越的少数人脱颖而出，也不可偏爱庸碌无能、好高骛远、矫饰浮华之人。

直接选拔有三种形式：（1）考试；（2）上级择定；（3）群众推选。

考试有两种，一种是判定一个人是否有学习资格的入学考试，一种是认可学业完成的毕业考试。假设我们要从一大群人中选拔少数人进入高等学校或大学，心理学实验能够客观测定最优秀人才的观念让有些人兴奋不已。在实际学习之前就能确定人的天资，预测人的真实潜力的技术当然是极其重要的。但是，我们实际上能测出什么呢？第一条，也是最重要的一条，我们能测出潜在的智力，还有在特定范围内的实际智力，此外就没有了；我们能测出潜在的成就与可用的才能，但测不出思维水平、创造力、意志力和无私之心。如果我们将来能造出一台"选拔机"，目的是完整确定一个人的未来的话，那我们就达到了自由与自由意志的反面，而这两者正是思想生活所不可或缺的。人们就会陷入一种本质上类似于遗传的确定性，只不过这种处境比遗传要难以忍受得多，因为它的基础不是神秘的宿命，而是一些很可能并不胜任自己工作的人类。只有当一种职业需要的天资可以测定时，测试——作为一种辅助有经验的人做出个人判断的技术——才是强制性的。

高等教育入学资格的初期选拔是免不了的，因为今天能接受高等教育的人还只占总人口的一小部分。要让每一个人才都能上大学，就是要给予全民中的人才受教育的机会，而不能仅限于少数社会阶层。这也意味着考试流程不能过于专门化，以免妨碍天才的发挥。

任何入学要求都必然会限制部分潜在报名者，特别是在相关思维素养本来就很难把握的情况下。有些天资就是测不出来；思想生活的发展有赖于"懒散"和自由探索的能力；制度把控越严格，反智倾向就越强，这些情况都是很可能发生的。

与入学考试一样，毕业考试也有两种不同的目的。一种是认定学生在某一领域达到了普通水平，除不胜学力者以外的所有人都有在挂科后补考的机会；另一种是排除尖子生以外的所有人，甚至可能预先确定了毕业人数（numerus clausus：名额限制）。

第八章 人的因素

上级择定的办法很难制度化，因为只有少数人具备必要的资格。相关例子包括：君主选择顾问，教师选择助手，大学领导在专业能力范围内负责发掘最适合的职位人选。事实上，由个人负责选拔是最可靠、最公正的办法，因为此法能触及完全无法测量的深层品质。然后，这一点只在极少数情况下成立：负责选拔的人要有内在的服务欲望，在确定候选人的价值和天资时既要灵活又要客观，不能让个人偏见削弱判断力。这种判断力既是最私人的，也是最客观的，但它在大多数情况下都被外在动机所取代。当集体决策取代个人决策时，结果往往是偏向庸才。拥有一双能辨别真才实学的慧眼，真正有资格选拔人才的伯乐从来都是少数。

一般来说，教授会偏爱自己的门生弟子，本能地倾向排斥水平比自己高的人才和智者。也有少数教授恰恰相反，他们认识到了这种危险，于是努力克制自己的偏爱与同情心，结果落入相反的偏狭之见，选了自己根本不想要的人。选拔结果同样糟糕，乃至于令人费解。最后一种大概是今天最常见的情况：需求成为选拔的最主要动机。人被仅仅当作达成目的的手段来评价。决定着一个人精神特质的个人印记被认为是"非实质性的"东西，被推到一旁，但看重的因素不是某种更高的"实质"，而仅仅是符合特定需要的某些具体外在标准。

有的时候，纯粹出于幸运，选拔合适人才这门无法定义的艺术得以践行。这可能发生在一所弥漫着互信氛围的医院中，院长与主治医师及其下属双方彼此信任。在这样的环境中，团体会形成一种独特的精神。笨拙无能之辈会悄悄离职。余下的人被赋予了充分的空间。团体的基调是正直与可靠。于是，好运与个人权威共同创造出了一片天地，大家可以自由地成就重要的思想事业。这种情况在医院框架下比在整座大学中更容易达到，在精选出的门生团队中比在整个学部中更容易达到。

凡是亲自负责选拔的人，首先必须亲自了解候选人发表的成果，评价成果的真实价值。其次，他必须亲自与候选人交流，对其进行评估。当候选人与考官思路相近时，评估是容易做的。但如果候选人看上去想法怪异，双方又没有共同的成果和兴趣基础，那么评估起来难度就大了，也不再有说服力。站在局外人的角度倾听意见、洞察思考，从而确定候选人到底能不能贡献出价值，这或许也是可以做到的。无论如何，考官必须有开放的心态，不可懈怠和因循自己熟悉的标准。在客观的学术成就以外，考官还可以从外貌到笔迹考察各项能反映候选人个性的表现。

第三种选拔新人的方法是多数投票。或者是学生选教师，或者是教师推选新成员。教师集体必须采用推选制，但学生投票选教授就没有必要了。让受审的人选择法官是不可能有好结果的。选出来的肯定是"最好说话"的人。其次，学生的判断会下意识地被一些外在特质的有无所左右，比如性感、演讲能力和台风。大众永远会倾倒于演技最好的人。当然，会有少数富有洞察力的年轻人，他们能准确地判断教师的专业素养、对材料的掌握程度和鼓舞学生的能力，甚至还有思想境界。他们本能地看得出真才实学。然而，这种年轻人极少能获得所需的多数票。

可见，三种选拔方法——考试、个人选拔、多数投票——显然各有缺陷。它们既是不可缺少的，也是不可依赖的。我们必须除去它们身上绝对正确、确定无疑的光环，以便给非凡之才留出空间。当然，就能力认证而言，考试仍然是不可或缺的。但考试对大学的益处只在于增加了向思维活跃者开放的教育机会。改进考试质量只会间接服务于这一利益。通过不懈改良考试和丰富考试的思想内涵，我们便可以潜移默化地改进制度化的选拔流程。

贯穿整个学习过程的一长串考试只对普通学生有益。独立的头脑总会更喜欢在一段长期自主学习的末尾进行一次考试。对他们来说，大学对所有学生都提出独立自主学习的要求是一件好事。只有这些学生是成熟的:他们不需要主人,因为他们掌握着自己的人生。他们接触各种学说、观点、调查、事实和建议,只是为了自己的考察和决定。大学不是寻找按部就班指导的地方。真正的大学生是主动的,能够自己确定问题。他们有能力开展学术工作,也知道学术工作的意义。作为个体,他们通过交流来深化自己的个性。他们不是铁板一块的群体,不是普通人,不是群众,而是众多独立承担风险的个体。这既是现实,也是必要的想象。它代表着一种无法达到的理想,同时激励着人们去追求自己最崇高的目标。

　　大学学习的终点是一场考试。这场考试无比重要。本质上讲,考试只是为了验证既成事实:学生在行使自由权利的过程中已经进行了自我筛选。如果大学用一套固定的课程大纲来管教一批完全合格的学生,用考试来定期控制学生,那么大学也就不再是大学了。大学的本质要求是,学生在整个学习过程中都要自己做选择,并承担最后一无所获的风险。因此,我们面对的最严肃、归根到底无解的问题是:如何在大学中营造出有利于独立精神的思想风气和制度氛围。首先最重要的一条是提升毕业考试的质量。毕业考试既要简化,又要拓宽:简化是限定和减少考试科目;拓宽则是要考察考生的整体思想活力、判断力和能力。

考试的出发点，必须是实际考察学生在研讨班和其他集体合作中的行为与成果。单纯表明用功的证据和分数都不重要，一定要有具体的成果证明。此外，考生还应该提交优秀的书面作品，这也应当纳入考察。

考官在考试过程中必须聚精会神，不仅要注意事实性知识，也要看考生的做派、解决具体问题的思路、采用的方法种类、观察事物的能力，还有以适合研究主题的方式进行书面和口头表达的能力。

考试要求可能会根据考生数目和具体从业需求而变动。如果总体成绩水平高，那么选拔标准也会水涨船高。候选人在任何情况下都应该明白一点，自己最后总是有可能不通过的。

关于考试的科目，应当给候选人相当大的自主选择权。百科全书式的知识框架一定要丢掉。必须注意，不能让考官用自己的教学习惯影响学生的学习自由，让考试成绩依赖于学生是否熟悉考官本人主讲的特定课程和研讨班。

大学必须通过相互交流经验和观点，有意识地发展和改良考试技巧。即便考官水平是最重要的因素，但系统性的改进是有可能实现的。教育心理学和教育哲学必须不断研究，帮助我们了解从事学术所需要的禀赋和训练。

最后，考试和打分要尽可能少。它们的数量越多，就越难进行负责任的管理。如果数量不多的话，学校还可以严肃全面地管理。忙碌的考试阅卷日程加上过多的考察知识点不会有任何好处，因为这种考试已经失去了真正的选拔价值。这样安排固然规律，却给教授的时间强加了不必要的负担，同时也拉低了思想生活的整体水准。

第九章　国家与社会

> 国家保障大学不受一切干预,包括国家自己的干预。学术自由与宗教自由的相似点在于,这两种自由既反对国家干预,本身又是由国家保障的。

大学是因为政治体的善意才得以存在。它的存亡取决于政治因素。只有在国家愿意大学存在的时代和地域，大学才能生存。国家让大学的存在成为可能，并庇护着大学。

作为国中之国的大学

大学存在的原因是社会。社会希望在自身界限之内有一个可以开展纯粹、独立、没有偏见的研究的场所。社会之所以希望有大学，是因为社会感到，在自身的轨道之内有一个纯粹求知的场所对社会本身是有利的。任何一个因为害怕纯粹求知带来的后果，所以不能容忍自身权力受到任何约束的国家，是绝不会允许一所真正的大学存在的。

国家赋予大学不受国家权力干涉的特权，尊重大学并保护大学免受其他所有形式的干涉。大学的宗旨是承当一个时代的思想良知。大学是一个不必为政治时事负责的群体,因为唯有他们承担着发扬真理的无限责任。尽管置身于实务世界之外,但是作为研究场所的大学必然弥漫着现实意识。知识而非行动让大学与现实相连。为了实现纯粹真理的理想,大学悬置了价值判断与实践行动。

只有在求知热情的维系下,远离实务的生活才是有意义的。这是一种内在的活动形式,是一连串凭借自律取得的胜利。然而,学院生活一旦开始,就随时可能发生自身独有的败坏现象,这种败坏是危险的,可能会污染纯洁的思想活动氛围。悬置价值判断可能会堕落为麻木的死守中立;悬置实践行动可能会堕落为懒惰;智识上的谨慎可能会堕落为一种神经质的恐惧,害怕虚弱的自己受到任何挑战。

世界变革中的大学变迁

社会为大学提供了法律和物质支持,以便让大学承担起开展造福全民的基础研究中心的职能,并为人们提供就业所需的思想氛围与实践训练。因此,大学一直服务于国家和社会的需要,也必然要随着社会与职业的变化而变化。

第九章 国家与社会

中世纪的大学必须培养神职人员，之后又多了高级官员、医生和教师。直到 17 世纪为止，关于神的知识，神学和哲学一直是最重要的学科。但从那之后，技术影响力的不断增长对专业培训提出了越来越高的要求。最近一个阶段的情况是大学开始接收女生，这是社会发展的必然结果。过去 50 年里，要求受过大学教育的职业稳步增多。大学入学人数相应也增加了——这一因素超出了所有关切者的控制能力——从而引发了大学全体成员的心态变化，尤其是在师生关系方面。从 19 世纪到第一次世界大战期间，入学人数的稳步增长就已经不经意间改变了大学的性质与职能，之后更是愈演愈烈。为了满足大众教育的新需求，大学被迫采用了高中的教学方法和流程。

然而，社会不仅会间接影响大学整体的精神，更会通过政治手段有意识和直接地施加影响。这种影响的种类在不同时期有着巨大的差别。洪堡（Humboldt）建议政府永远不要认为自己是不可或缺的，可惜除了少数大学与国家携手并进的著名历史时刻以外，政府对这条建议一直置若罔闻。国家干涉总是意味着偏袒某一套特定的信念。君主国一贯如此，议会制政府也是一样，只是程度稍轻；在激进政权和独裁政府统治下，国家干涉往往会演变为赤裸裸的暴力。

165

政治和社会两方面的影响改变了大学。然而，在变化多端的形式背后是永恒的学术理想，这一理想本应在大学实现，却永远面临着失落的危险。社会与大学携手合作，取得各具特色的丰硕成果的时期与哲学理想遭受惨败的时期交替出现，这一现象表明了哲学冲动与不断变化的社会需求之间的历史性冲突，于是便有了活跃时代与贫乏时代的轮转。大学自找失败的一种途径，就是过分屈服于大众教育的外来压力，将标准降低到了高中的水平。同理，大学享有的公众影响力也一直处于波动之中。

知识贵族的原则

1930年，美国人亚伯拉罕·弗莱克斯纳（Abraham Flexner）写下了这样一段话："但是，社会和政治上可以有民主，知识上是不可能有民主的，只有一点除外：每一名个体都有凭借自身能力加入知识贵族的资格，其他任何因素都不在考虑范围内。"[①]

[①] 《英美德三国大学比较》（*Universities: American, English, German*）（纽约：哈佛大学出版社，1930年），第338页。——原注

第九章 国家与社会

　　这里涉及两个问题。第一个是知识贵族原则本身，在它的基础上形成了大学的等级架构。第二个是民主社会整体对遵循知识贵族原则的少数群体的宽容。弗莱克斯纳强调的是第二个问题。这归根到底是一个政治问题。

　　知识贵族并非社会学意义上的贵族。天生的知识贵族应当被给予上大学的机会。这种贵族有一种自我争取到的自由，其中有出身高贵的人，也有劳工，有富人，也有穷人。但他们总是罕见的，只能是少数群体。

　　多数群体一贯敌视享有特权的个体和少数群体。他们总是对富人、天资卓越之人和文化传统怀有深仇大恨。但是，他们最恨的还是任何与自己有本质不同的人，任何以真诚而毫不妥协的求知意志为动力的人。大众从未体验过这种动力，却感到了一种冲动，要将求知意志视为高高在上的挑战。由于内心深处的意志缺陷，庸人无力迎接这一挑战。与此相对，受到最崇高的意志感召的人会爱戴拥有崇高心灵与精神的人，静静地崇敬他们，并将这份爱转化为更高的自我要求。

　　于是，每当多数群体掌握政治大权时，一种双向选择过程就会持续进行。一方面，人们本能地会排斥富有创见又毫不妥协的思想。每个人心底里都同意伟人对大众是灾难，尽管大家在场面上呼唤贤人。人们想要的是才能普通的人。另一方面，能力在平均水平以下的人也会被排斥，正如出类拔萃的人才会在多数群体的无数小动作中悄然靠边站一样。那么，由多数群体统治的社会群体确实会支持内部有一个致力于求知的少数群体，这又要如何解释呢？中世纪有一种社团职能委托的观念，于是，沉思上帝的哲学家就是在代替和代表大众工作，大众则承担着其他的社团职能。当代大众大概已经不再相信这种委托社团职能的做法了。他们或许会用这样一种主张来论证科学与学术的存在合理性：因为"科学是一件好事"（当然，这一信念突出了大众整体对"科学"的崇拜），所以社会必须给科学划定一个空间，让科学家在其中自由地工作和尝试，无须受到不断要求实用成果的压力。即便社会对此坚信不移，克制住了它在其他方面势不可当的同化与集体化冲动，但一个问题依然存在，那就是这头"利维坦"本身会不会尊重学术与科学的地位。社会是否认同为自己无法理解但具有潜在的未来实用性的知识保留一席之地？

追求真理及其与政治的关系

政治在大学中有一席之地，不是作为实际的政治斗争，

第九章　国家与社会

而是作为研究的对象。当政治斗争侵入大学时，受到伤害的是大学的理念本身。既然大学的存在与外在形式取决于政治决策与政治体的善意，于是，由国家同意不受国家干涉的大学之内就没有政治斗争和宣传的空间，而只有追求真理。

这意味着，大学必须有绝对的教学自由。国家保障了大学有开展科研教学的权利，不受政党政治之掌控，也不受任何政治、哲学、宗教意识形态之强迫。

学术自由不仅限于研究与思想，也延伸到教学。因为思想和研究需要教学提供的挑战与交流，教学又依赖于学者与科研人员随意发言写作的自由。国家决意为文理学者团体提供长期交流之便利，这种便利是学术团体在各自领域中达成平衡观点的必要条件。在对人类本性、心灵和历史的研究中，就连最极端的可能观点也会被穷究到底，而且不仅仅是通过随性、随意、很快会被忘掉的直觉，更会有条不紊地持续推进，形成重大学术成果。唯有如此，知识与文化才得以在焚琴煮鹤的年代保存下来，等到更美好的时代再重新启迪人民大众。

无论在任何地方，只要有人将自己的人身与思想融为一体，学术自由就会证明自己的价值。这些人意识到了历史的力量，于是不再琐屑肤浅地依赖于所处的时代，成为时代的精神代表。

人人都有沉思与反思的潜能，但只有极少数受到了不避繁难、投身学术事业的感召。这些少数人包括所有需要大学教育的职业人员。只有这个群体能够对知识进步做出具有思想性和批判性的回应。尽管追求真理并不能立即为大众带来具体可见的实利，但公众本身希望继续将探求真理作为一项代表国民整体的、自由的、长期的事业进行下去。

　　并非每个国家对真理的热衷都达到了允许学术自由的程度。一个在道德与行为上都犯下了根本性的大罪、忙着文过饰非的国家不可能欲求真理。它必然对大学怀有敌意，装出友善的样子只是为了最终消灭大学。

　　学术自由意味着师生有按照自己的方式开展研究，按照自己的意愿进行教学的自由。至于具体内容，国家就交给每一名个体去处理了。这就是学术自由的定义，国家保障大学不受一切干预，包括国家自己的干预。学术自由与宗教自由的相似点在于，这两种自由既反对国家干预，本身又是由国家保障的。

　　只有当援引学术自由的学者还明白学术自由的意义时，学术自由才能够存在。它并不意味着想说什么就说什么的权利。真理事业太过艰难，又太过重大，以至于有人会将它误以为是趁着三分钟热度，热烈地交换半吊子真理。学术自由只存在于以学术为目的和献身真理的场合下。现实目标、教育偏见或政治宣传都无权援引学术自由。

学术自由与宪法规定的言论自由只是表面相似。因为我们完全可以想象到，即使宪法规定的言论自由被废除了，学术自由也能继续存在。

大学教工除非是以私人公民的身份，否则不能援引宪法规定的言论自由。当他们作为私人公民发声时，他们不能指望自己在专业领域所隶属的大学出来支持。他们只有在专业成果发表的相关事务上有权获得大学的保护，随意发表的政治评论、观点或报刊文章不在此列。学术自由并没有赋予他们高于其他公民的特权。学术自由的意思是，教授在专业领域中不承担除了透彻、有条理、系统地追求知识以外的任何义务。它并没有赋予我们在公共事务上发表不负责言论的权利。恰恰相反，它要求我们不要给随意的言论披上虚假的权威外衣，在发言之前更要谨慎三思。

当然，教授干政是一项由来已久的传统。教授干政大多不十分光彩，反例寥寥，并非典型。1837年，7位哥廷根大学著名教授以政治异见为由被开除。他们之所以去职，不是因为他们有政治异见，而是因为他们感到无法调和宗教信仰与违背遵守宪法的誓言两者之间的矛盾。马克斯·韦伯是这条规律的唯一，也是无法效仿的例外。他的政治言论本身就是其思想成就的一部分。同时期的民主派给韦伯的政治言论贴上了"高高在上"、让听众莫名其妙的标签。至于苏格拉底，他在雅典与斯巴达交战的27年里从未在当时激烈争辩的问题上站队，唯一的例外是阿吉努塞海战（battle of the Arginusae）结束后，众人之中唯有苏格拉底一人反对处死参战将军的非法投票，拒绝牺牲道德原则，在群众压力下屈服。除了这唯一的例外，苏格拉底终其一生都在追问公民同胞们，针对他们最根本的动因发问，于是在他们看来，苏格拉底比最可恶的煽动家还要不安分。

在时事议题涉及专业知识的情况下，学者和科学家有权公开发言。他们能够以医学、技术、制度观点为媒介，运用自己的知识。他们可以将所学知识系统地运用到任何一个国家和社会认为重要的当代问题上。他们要以理性论证，而非亲身插手的形式来发挥自身贡献的影响力。他们的任务是重申证据，并对整体格局给出一个清晰的说明。他们可以主动提供这种信息，尽管通常来说，他们只应该在回应直接征询时发言。但在现实中，每一次对当代问题的回答都可能包含非客观因素的偏见。问题本身往往就夹带了私货。具有批判性的学者永远不应该忘记，在公众向他提出的问题面前，他

第九章　国家与社会

的处境与黑贝尔（Hebbel）戏剧中的祭司何其接近，赫罗弗尼斯将军（Holophernes）要求这个牧师给已经做出的决定寻找理由。

学术自由不是一朝占有，一世享用的财产。教授是领工资的，这种处境隐含的经济依赖性隐隐威胁着教授的道德信誉。教授难免倾向于支持有利自身并赋予自己地位的社会状况；而且会承认既有事态，用文字和言论为现政府服务。自从叔本华夸大其词地痛斥那些领取国家薪水的哲学教授以来，由国家任命的教授就一直承受着过多的怀疑。这种不信任只有在自我批判的形式下才是合理的。苏格拉底之后少有哲学家认为保持完全独立、拒绝任何形式的资助是重要的，这并非巧合。

大学与民族

源于古希腊的大学理念是西方传统的一部分。

公立大学属于国家；私立大学当然也是特定民族局面的一部分。不管公立还是私立，大学都是全体人民的表达。大学追求真理与人类进步，以代表最崇高的人性为宗旨。"人文"

是大学肌理的一部分，不管这个词语的含义经历了怎样频繁和深刻的变化。

因此，尽管每一所大学都是民族的一部分，但它凝视的是民族之上和之外的目标。尽管大学与教会的理念有差别，但至少在这一方面，两者是相似的。真正的大学绝不能在民族之间的冲突中站队，尽管身为人类的大学成员会效忠于各自的民族。不管是教师、院长还是校长本人，如果大学的成员选择发出支持某个党派或国家整体的政治号召，那都是在滥用自己的地位。他们只能通过思想上的创造力为民族和全人类效劳。如果被外在的目的所滥用，大学的理念便会受损。民族主义与其他任何事物一样是合法的研究课题，但不能为大学本身带来根本的指引。

本书到这里就要结束了。我们首先尝试着定义了科学以及维系科学的思想生活，之后又顺着考察了作为一种机构的大学。

我们不得不提出各种各样的问题，于是可能模糊了那一个无比重要的问题，那就是作为高等教育的血脉生命的大学的理想。这一理想不能归约成几条简单的命题，而只能间接地引出。但愿我们能不断深入认识它的真正内涵，也愿它成为我们评判大学生活方方面面的准绳。如果一个人不曾感受到它的生命力，外界也不能强迫他明白。既然只有建立在共识基础上的讨论才会结出硕果，我们所做的一切都不过是从新的角度审视熟悉的事实。

我们深切地投身于这个理想中，它赋予了我们的生活以意义；但我们没有足够的勇气，怀着与它相称的热忱去探讨它。真理就在我们身边，努力想被我们看见和发现，而我们心里知道，真理的存亡正取决于我们能否实现不断变换形式的大学之理念。

"进阶书系"—— 授人以渔

在这个信息爆炸的时代，大学生在学习知识的同时，更应了解并练习知识的生产方法，要从知识的消费者成长为知识的生产者，以及使用者。而成为知识的生产者和创造性使用者，至少需要掌握三个方面的能力。

思考的能力：逻辑思考力，理解知识的内在机理；批判思考力，对已有的知识提出疑问。

研究的能力：对已有的知识、信息进行整理、分析，进而发现新的知识。

写作的能力：将发现的新知识清晰、准确地陈述出来，向社会传播。

但目前高等教育中较少涉及这三种能力的传授和训练。知识灌输乘着惯性从中学来到了大学。

有鉴于此，"进阶书系"围绕学习、思考、研究、写作等方面，不断推出解决大学生学习痛点、提高方法论水平的教育产品。读者可以通过图书、电子书、在线音视频课等方式，学习到更多的知识。

同时，我们还将持续与国外出版机构、大学、科研院所密切联系，将"进阶书系"中教材的后续版本、电子课件、复习资料、课堂答疑等及时与使用教材的大学教师同步，以供授课参考。通过添加我们的官方微信"学姐领学"（微信号：unione_study）或者电话15313031008，留下您的联系方式和电子邮箱，便可以免费获得您使用的相关教材的国外最新资料。

我们将努力为以学术为志业者铺就一步一步登上塔顶的阶梯，帮助在学界之外努力向上的年轻人打牢解决实际问题的能力，成为行业翘楚。

品牌总监   刘 洋
特约编辑   何梦姣
营销编辑   王艺娜
封面设计   马 帅
内文制作   胡凤翼